INFLUENCIE!

Para minha família – minha esposa, Marianne Sharsky Pantalon, Ph.D, e meus filhos, Matthew e Nicholas. Vocês me inspiram e me influenciam da melhor maneira, todos os dias. Amo vocês.

Para todos os que, não importa a situação, continuam a acreditar que talvez sempre possamos influenciar nós mesmos, e os outros, ao bem.

Siga o desejo e o caminho confirmados
pela própria experiência.

CARL JUNG

Sumário

Introdução

A INFLUÊNCIA INSTANTÂNEA EM AÇÃO

Os executivos da General Electric me encaravam céticos, inquietos. Não podia culpá-los: esses especialistas em recursos humanos estavam bem à vontade com os próprios procedimentos para lidar com a dificuldade dos funcionários, mas agora também lhes fora exigido aprender minha abordagem. Esse treinamento era obrigatório, e pude identificar a resistência nos braços cruzados e na expressão austera dos semblantes. *Posso estar aqui*, o corpo dizia, *mas certamente não preciso gostar disso.*

Se não lhes captasse rapidamente a atenção, talvez não se convencessem de que minha técnica para lidar com funcionários desmotivados valesse o tempo deles. Só teria poucas horas com aquelas pessoas, e ensiná-las a utilizar essa abordagem tomaria cada instante. Porém, se passasse a manhã inteira falando e eles não participassem, qual seria o benefício?

Bem, meu método *é* chamado *influência instantânea*, e uma de suas características mais empolgantes é o fato de funcionar quase imediatamente, em geral, sete minutos ou menos. E se passasse sete minutos motivando esses executivos a ouvir minha apresentação?

O QUE É INFLUÊNCIA INSTANTÂNEA?

Como psicólogo e pesquisador de Yale, passei muitos anos investigando formas de acabar com a resistência das pessoas a fim de se sentirem motivadas. Comecei trabalhando com uma técnica desenvolvida por William R. Miller e Stephen Rolnick, conhecida como entrevista motivacional[1], mas encontrei um jeito de transcendê-la.[2] Ao longo dos últimos quinze anos, projetei uma versão inovadora de seis passos, que é tão veloz e eficaz que, de fato, resulta em influência *instantânea.*

A influência instantânea é o único método cientificamente comprovado para motivar pessoas em sete minutos ou menos. Ele as incita a entrar em ação ao serem incentivadas a encontrar os próprios motivos para fazer o que está sendo pedido. Com apenas seis perguntas simples você pode inspirar alguém a perceber por que deseja tomar certo tipo de atitude: parar de fumar, chegar ao trabalho no horário, preencher os relatórios trimestrais ou pagar aqueles vinte dólares que lhe deve. A influência instantânea funciona praticamente com qualquer coisa. Você também pode usar essa abordagem consigo mesmo, para se tornar mais produtivo, manter a dieta, fazer exercícios ou realizar qualquer outra coisa com que esteja tendo dificuldade. Isso funciona com gente que sabe que quer mudar e está ávido para começar; com gente que acha que quer mudar, mas teme não conseguir; e com gente que acha que *não* quer mudar. Realmente não importa quem for utilizá-la – a influência instantânea funciona de fato.

As duas maiores vantagens da influência instantânea são: 1º – pode-se aprender a técnica rapidamente; 2º – os resultados são quase imediatos[3]. Eu a desenvolvi a pedido de médicos de um movimentado posto de emergência que buscavam motivar os pacientes que chegavam por conta de acidentes relativos à ingestão alcoólica e outros problemas médicos. Desejavam inspirar essas pessoas a buscar ajuda para o alcoolismo, mas o único momento em que os médicos tinham contato com elas era durante o tratamento emergencial. Em outras palavras, os médicos tinham aproximadamente sete minutos para influenciar pacientes semi-inebriados que não se consideravam necessariamente carentes de ajuda.

Sete minutos, pacientes resistentes e um pronto-socorro caótico. O que poderia comover as pessoas a mudar sob tais circunstâncias? A resposta é simples: *as próprias razões*. As pessoas, em geral, agem pelas próprias razões, não pelas dos outros. Se mudam um comportamento devido a algo que outra pessoa disse, na maioria das vezes essa mudança não persiste. O segredo da influência instantânea é que ela auxilia na descoberta das próprias razões para se realizar algo, ainda que seja uma coisa que não se pensava querer.

Você ajuda as pessoas não por lhes dizer por que devem mudar, mas ao lhes perguntar por que poderiam querer mudar. Eis aqui os seis passos que lhe permitirão alcançar a influência instantânea:

Passo 1: Por que você poderia querer mudar? (Ou, para influenciar a si mesmo, por que eu poderia querer mudar?)

Passo 2: O quanto você está disposto a mudar (numa escala de 1 a 10, em que 1 significa "nem um pingo de disposição" e 10, "totalmente disposto")?

Passo 3: Por que não escolheu um número menor? (Ou, se o influenciado[1] escolheu 1, refaça a segunda pergunta, desta vez sobre um passo ou mudança menor, ou pergunte o que seria preciso para que esse 1 se transformasse em um 2.)

Passo 4: Imagine que você tenha mudado. Quais seriam os resultados positivos?

Passo 5: Por que esses resultados são importantes para você?

Passo 6: Qual é o próximo passo, se é que há mais algum?

Os médicos da emergência foram tão bem-sucedidos utilizando minha abordagem que conseguiram alcançar quase 50% de redução do alcoolismo entre os pacientes "envolvidos com álcool" – apenas com conversas de sete minutos. Como resultado, a influência instantânea agora faz parte do procedimento-padrão das salas de emergência e unidades de grandes traumas dos Estados Unidos, e solicita-se de médicos-residentes de toda a nação que aprendam essa abordagem.

Depois que desenvolvi essa técnica, passei a empregá-la em muitos cenários. Apresentei a influência instantânea a profissionais de vários níveis, desde gerentes intermediários, representantes de vendas e especialistas em recursos humanos, até presidentes de empresas. Treinei e prestei consultoria a membros e executivos-chave de empresas como Bayer, Bristol-Myers Squibb e General Electric, e em centros de treinamento como American Management Association e Addiction Technology Transfer Center. Trabalhei com universidades da Ivy League, entre elas Yale, Harvard e Brown; com grandes agências federais como National Institutes of Health, US Department of Health e Human Services; com proeminentes centros médicos como Yale-New Haven Hospital, Harvard's McLean Hospital e NY Langone Medical Center; além de inúmeras filiais e departamentos de liberdade condicional. Treinei equipes de renomados centros de reabilitação de drogas e álcool, entre eles Hazelden, Betty Ford, o Crossroads, em Antígua. Ensinei a influência instantânea aos profissionais de saúde, a assistentes sociais, psicólogos, psiquiatras e gerentes de projetos de desabrigados, assim como professores e pais.

Depois de mais de quinze anos de pesquisa em treinamento e experiência prática em consultoria, sei que a influência instantânea pode funcionar para literalmente qualquer pessoa, desde o mais motivado presidente de empresa até o adolescente mais resistente[4]. A técnica funciona bem com colegas, entes queridos ou mesmo estranhos. Você também pode usar a influência instantânea para ajudar a si mesmo a alcançar qualquer tipo de objetivo, desde melhora no desempenho profissional, negociação de contratos e alavancagem de vendas, até perda de peso, elaboração de um programa de exercícios, deixar de fumar ou resolver problemas em relacionamentos pessoais.

COMO DEIXAR AS PESSOAS SE CONVENCEREM

Como as pessoas reagem muito melhor quando agem pelas próprias razões, em lugar das de outros, precisamos ajudá-las a descobrir o que as motiva o mais rápido possível. No entanto, se estiver trabalhando com pessoas resistentes, como as que encontrei no grupo da GE, reconhecer essa resistência – em vez de lutar contra ela – é uma forma surpreendentemente eficaz de torná-las menos defensivas e mais receptivas.

É claro que é mais fácil falar que fazer, principalmente quando cinquenta pares de olhos oprimidos o encaram. Mas tinha fé nessa abordagem, portanto, segui adiante com meu grupo de executivos relutantes da GE.

– Ei – comecei, na maior calma possível –, sei que nenhum de vocês de fato escolheu estar aqui. E talvez não queiram ouvir sobre outro método fantástico da Torre de Marfim do Cabeça de Ovo.

Desejava reconhecer com sinceridade a resistência deles e fazer algo conhecido em pesquisa motivacional como "denegrir o mensageiro". Ambas são técnicas importantes para reforçar a autonomia do influenciado.

Como esperava, minha autodepreciação arrancou algumas risadas, e pude ver alguns gerentes se entreolhando, surpresos. Meu reconhecimento franco do ponto de vista deles, em vez de uma tentativa de lhes vender o meu, era a última coisa que esperavam.

– Então – prossegui –, por que estão aqui?

A reação ligeiramente positiva que havia conquistado se dissipou de modo instantâneo.

– Estamos aqui porque temos de estar – disse uma mulher, enunciando cada palavra com exagerada parcimônia.

– É mesmo? Todos os executivos de RH estão aqui? Todos eles?

Isso arrancou algumas risadas.

– Bem, Frank não está – explicou um homem. – Ele sempre acha uma saída. O que foi desta vez, uma consulta ao dentista?

– Tudo bem – falei. – Vocês poderiam ter descoberto uma maneira de dispensar essa reunião, como Frank fez, mas não o fizeram. Então, me digam, por que estão aqui?

Havia acabado de usar o Passo 1: Por que você poderia querer mudar? (Ou, nesse caso: por que você aceitou mudar?) Resmungando, os executivos começaram a me dar respostas. "Porque gostamos da empresa e queremos que ela se dê bem." "Minha chefe me pediu que viesse, e eu a respeito." "Não dar a impressão de não estar colaborando."

Boas respostas, talvez, mas ainda vagas demais para que qualquer um entrasse em ação. Se essas pessoas fossem mudar, teriam de encontrar razões mais pessoais.

– Certo – falei. Hora do Passo 2: O quanto estão dispostos a mudar (numa escala de 1 a 10, em que 1 significa "nem um pingo de disposição" e 10, "totalmente dispostos")? Como sempre, adequei minha linguagem às pessoas envolvidas no contexto, tornando-a mais coloquial:

– Numa escala de 1 a 10, em que 1 significa "nem um pingo de disposição" e 10 significa "totalmente disposto", qual é a disposição de vocês para ouvir minha apresentação de hoje?

Os executivos se entreolharam, revirando os olhos.

– Talvez 3 – enfim uma mulher se manifestou. Pude ouvir os rumores em concordância pela sala.

– Ótimo – disse, seguindo ao Passo 3: Por que não escolheram um número menor? – Vocês escolheram 3. Por que não escolheram um número menor? – Em outras palavras: por que aquela mulher não descrevera a si mesma como alguém ainda *menos* motivada? Por que não havia escolhido 2, ou até 1, em vez de 3?

Essa é a pergunta que pega todo mundo desprevenido. Esperam que eu pergunte por que não escolheram um número maior. Em outras palavras, por que não estão *mais* motivados? Por que não querem mais daquilo que *eu* acho que devem querer?

Mas não havia perguntado nada disso. Ao contrário, queria saber por que a motivação era tão alta. Por que estavam dispostos a ouvir minha apresentação? Por que estavam ali?

Tive de esperar um pouquinho, mas, por fim, obtive uma resposta.

– Porque, embora realmente acredite na forma como fazemos as coisas atualmente – disse um homem –, e embora tenha ajudado a refinar nossos procedimentos atuais e saiba que funcionam... mesmo com tudo isso, há alguns funcionários com os quais não sabemos o que fazer. Talvez essa nova abordagem possa, quem sabe, surtir efeito com alguns caras. Por isso estou aqui.

Observei cabeças meneando em concordância, mas ainda não achava que a sala estivesse totalmente comigo. Você pode parar o processo de influência instantânea a qualquer momento, quando achar que a outra pessoa está pronta para mudar, mas é importante que não pare *antes* que ela esteja pronta.

Então, adiante, ao Passo 4: Imagine que você tenha mudado. Quais seriam os resultados positivos? Busquei outra forma de colocar essa pergunta, para que se adequasse à situação.

– Olhem – disse –, acho que será melhor para todos nós se gastarmos apenas mais um instante pensando por que cada um de vocês – não eu, nem seu chefe, mas vocês – desejaria utilizar essa abordagem *algum dia*. Tenho minhas razões para acreditar nela, mas não importam, porque não vou lidar com seus funcionários. Vocês é que vão. Suponhamos que já tenham adotado meus métodos. Apenas imaginem, por um momento, que isso já foi feito. Que benefício poderia advir dessa ação?

Houve um longo e reflexivo silêncio. Então, do fundo da sala, um homem de meia-idade falou – alguém que os organizadores me alertaram tratar-se de uma pessoa difícil de ser conquistada.

– Sabe – começou ele lentamente -, quando era criança, não fui exatamente um aluno nota dez. Na verdade, naquela época, tinha algo que hoje seria classificado como disfunção hiperativa de desvio de atenção. Nunca conseguia prestar atenção à aula. Simplesmente não ligava. Mas havia uma professora que de fato acreditava em mim. Ela sempre se empenhava para descobrir do que eu gostava, e isso, de algum modo, me pegou. Não se tratava do que eu deveria fazer. Mas do que eu *gostava*. – Ele parou um instante. – Se não fosse por ela, talvez não tivesse feito o ensino médio. – Ele se interrompeu de novo. – Se esse método tem algo parecido com isso, e é o que parece, talvez devamos experimentar.

Esse homem era um executivo bem-conceituado que claramente tinha o respeito dos superiores e colegas. Porém, além de suas referências, pude ver que o que mais afetou o restante das pessoas da sala foi a maneira tão pessoal com que se expressou. De alguma forma, tínhamos abandonado o território do "supostamente devo" ou "meu chefe quer que eu faça" e entrado em um lugar mais significativo, em que as pessoas agora pesquisavam as próprias razões para ouvir a apresentação. Como resultado, em menos de sete minutos, esse homem havia deixado o ceticismo extremo à minha abordagem, passando a dar um discurso mais eficaz do que eu próprio faria sobre por que ele e os colegas deveriam me ouvir atentamente.

Como acontece com frequência quando o assunto é influência instantânea, na verdade, ele avançara e completara outro passo, antes que eu sequer tivesse a chance de lhe apresentar, nesse caso, o Passo 5: Por que esses resultados são importantes para você? O homem que falara há pouco havia imaginado como poderia conseguir sensibilizar funcionários problemáticos, algo importante para ele, que valorizara o empenho da professora em sensibilizá-lo quando estava na escola. Pude ver que os outros executivos esforçavam-se para pensar, talvez sobre as pessoas que haviam ajudado na vida deles, ou talvez sobre todos os aparentemente inacessíveis que poderiam ajudar agora. A essa altura, haviam transformado aquilo em algo realmente pessoal. Refletiam a respeito dos próprios motivos para mudar.

Era a hora do Passo 6: Qual é o próximo passo, se é que há mais algum? Mas, antes que proferisse qualquer palavra, o mesmo executivo se antecipou a mim de novo:

– Certo, doutor Pantalon – falou ele. – Por que não segue em frente e nos faz sua apresentação? Todos temos um trabalho a realizar hoje, portanto, vamos começar.

Olhei ao redor. Em vez de rostos petrificados e posturas esparramadas em cadeiras, os gerentes estavam inclinados à frente, ávidos, alertas. Poderiam não ter se entregado por completo à ideia do meu programa, mas ao menos agora estavam dispostos a ouvir. Em menos de sete minutos, tinham abandonado a forte resistência, passando à disposição de dar o primeiro passo para a mudança – mas não foi porque os convenci. Foi porque encontraram um meio de convencerem a si mesmos.

O PODER DO *PORQUÊ*

Em menos de sete minutos, a influência instantânea pode fazer com que uma pessoa aceite mudar. Na verdade, a implementação dessa mudança pode levar mais tempo. Porém, até que a conversa de influência instantânea termine, o processo já terá se iniciado. O influenciado terá começado a considerar por que quer mudar e, muitas vezes sem se dar conta disso, estará se preparando para realizar as mudanças. Ao entrar em contato com fortes motivos pessoais para mudar, ele planta a semente em terra fértil. A princípio, não se podem ver os estágios de crescimento, porque ocorrem sob o solo. Porém, cedo ou tarde, um pequeno rebento brotará rumo à luz do dia – tudo porque você teve aquela primeira conversa seminal.

É evidente que às vezes a influência instantânea não funciona. Se alguém está profundamente comprometido em se recusar a mudar, não há técnica motivacional que faça diferença. Quando uma pessoa, na essência, não quiser mudar, a mudança não acontecerá.

Porém, com mais frequência, mesmo o funcionário mais descomprometido, o cliente mais relutante, o adolescente mais negativo, o cônjuge mais teimoso possui, lá no fundo, uma pequena centelha de esperança, um desejo de chegar a um denominador comum. Se essa centelha estiver ali, por menor que seja, a influência instantânea poderá ajudá-lo a transformá-la numa grande labareda, produzindo ação imediata ou abrindo novas possibilidades em longo prazo. Se você se especializar no processo e se ativer a ele, a influência instantânea vai auxiliá-lo a chegar aonde for humanamente possível.

Meu pai foi a primeira pessoa a me mostrar como podemos fazer mudanças profundas na vida se estivermos de fato motivados. Embora tivesse apenas 23 anos e não falasse inglês, ele decidiu deixar sua terra natal, a Croácia, para construir uma nova existência num lugar que deveria lhe parecer um mundo totalmente diferente, os Estados Unidos. Ele começou sua longa e difícil jornada em 1962, como passageiro clandestino de um trem, e morou várias semanas em Paris, embaixo de uma ponte, perto do Sena. Em 1965, acabou chegando aos Estados Unidos, país onde não conhecia ninguém.

O que motivou meu pai a seguir em frente? Sua crença obstinada nas razões para entrar em ação. Ele sabia por que queria fugir de um país com oportunidades limitadas e por que desejava construir uma nova vida. Portanto, contra probabilidades surpreendentes, de alguma maneira, encontrou um meio de fazê-lo.

Sempre que pergunto a meu pai como conseguiu alcançar seu objetivo, ele responde:

– Não sei.

Mesmo tendo sido bem-sucedido há muito tempo, uma pergunta desse tipo, focada no como, deixa-nos com a sensação de que ele buscava algo impossível. Mas, quando lhe pergunto por que queria deixar a Croácia, ele sempre responde:

– Para ser livre.

Seus motivos eram tão pessoais e fortes que o capacitaram a superar todos os obstáculos.

Uma vez, indaguei a meu pai se não achava que havia sido um pouquinho imprudente.

– Bem, Michael – disse-me ele –, se tivesse parado para pensar em como a ideia era absolutamente insana, não teria conseguido.

Para sorte de minha família, meu pai nunca focou no como. Em vez disso, manteve-se focado no porquê. Pelo fato de suas razões serem tão claras, sua motivação era forte. Como resultado, ele transformou seu sonho em realidade.

Jamais enfrentei dificuldades como as de meu pai. Mas trabalhei com pessoas que já enfrentaram: adolescentes em perigo, pacientes psiquiátricos em desespero, dependentes de drogas e álcool lutando para se libertar do vício. Também treinei muitas pessoas que lidam com gente em situações difíceis: conselheiros que trabalham em abrigos de adolescentes, oficiais que supervisionam detentos em liberdade condicional, médicos de pronto-socorro que lidam com motoristas bêbados. O que aprendi com meu trabalho é que *por que* pode ser a pergunta mais poderosa da terra. Estando altamente motivado ou desanimado para alcançar seu objetivo, não importa: encontrar uma pequena centelha de por que mudar pode capacitá-lo a transformar sua vida.

A maioria de nós não tem a motivação de meu pai. Por sorte, a maioria não precisa. A influência instantânea pode ajudar qualquer um a dar esse primeiro passo crítico em direção à mudança. O que acontece depois disso pode ser realmente extraordinário.

Primeira Parte

Como fazer qualquer pessoa realizar qualquer coisa... rápido

Capítulo Um

O QUE MOTIVA AS PESSOAS A MUDAR?

Você acabou de sair da academia para encontrar sua amiga Kelly e acompanhá-la em um café. Quando ela a vê, dá uma olhada em sua bolsa de ginástica.

– Ah – comenta –, gostaria de ser disciplinada como você. Nunca consigo ir à academia; faz meses que não me exercito.

Sendo uma boa amiga, você deseja ajudar, por isso tenta motivar Kelly a se exercitar.

– É tão importante – você diz. – Você terá uma aparência melhor, vai se sentir melhor, viver mais tempo...

– Eu sei – responde Kelly. – Seria tão legal! Só não consigo começar.

– Começar pode ser difícil – você concorda, solidária. – Mas vai se sentir tão bem depois! Terá muito mais energia para fazer qualquer coisa.

– Talvez. É que estou sempre tão cansada...

– Mas o exercício vai animá-la – você insiste. – Sei que vai. Também estou sempre cansada, mas, quando começo a malhar, logo me sinto totalmente desperta.

– Você tem tanta sorte, é tão disciplinada. Acho que simplesmente não consigo ser assim.

De súbito, você acha que encontrou a solução perfeita para o problema.

– Por que não agenda umas aulas com um *personal trainer*? Foi assim que eu comecei. Achei que seria muito caro, mas, na verdade, não é. E aí você *tem* de ir!

– Talvez experimente fazer isso uma hora dessas – diz Kelly, e a conversa segue outros rumos.

Você se sente mal por Kelly, porque sabe que ela realmente quer se exercitar. E fica frustrada consigo mesma porque não conseguiu encontrar o jeito certo de ajudá-la a entrar em ação.

O que houve de errado?

Na verdade, a cada tentativa, seu empenho estava fadado ao fracasso. Isso se deve ao fato de ter usado o que gosto de chamar de abordagem dizer e vender: você diz a alguém seus motivos para fazer algo, depois tenta vendê-los à pessoa.

Infelizmente, não importa o quanto suas razões sejam boas; por mais sincera que seja a intenção de venda, a abordagem dizer e vender quase nunca funciona.

O que acontece quando você tenta vender a alguém seus motivos para mudar? Em geral, como nesse exemplo, seu empenho não chega a lugar algum. A outra pessoa pode concordar com você, como Kelly fez, mas isso não acende a centelha do desejo de tomar uma atitude. Esse desejo – a motivação para agir – mora em cada um de nós. Mas a única forma de destrancá-lo é descobrindo as próprias razões.

No exemplo, você disse a Kelly para se exercitar, pois ela ficaria mais saudável, viveria mais tempo, se sentiria melhor e teria mais energia. Todos bons argumentos, mas não funcionam para Kelly, pois não são os motivos *dela*. Embora tenha concordado com você, Kelly não personalizou as razões, tampouco considerou o quanto representavam para ela.

Você também disse a Kelly que tomasse uma atitude: contratar um *personal trainer*. Mas, se ela não descobriu por que deseja tomar uma atitude, com certeza não vai ligar para a maneira de fazê-lo.

Três décadas de provas científicas demonstram claramente que o método dizer e vender não fracassa apenas para motivar; também diminui o grau de motivação. Isso mesmo. Usar o tipo errado de encorajamento pode, de fato, fazer com que a pessoa queira ainda *menos* realizar algo.

Então, o que funciona? Eis aqui um segredo para a influência instantânea: as pessoas entram em ação quando ouvem o *porquê*. Podem passar o dia dizendo que gostariam de realizar algo. Mas, quando dizem *por que* querem fazê-lo, as coisas começam a acontecer. Essa é a influência instantânea em estágio embrionário. Faça com que alguém lhe diga por que quer agir, e a seguir é quase certo que virá a ação.

Mas há um truque. As pessoas não podem simplesmente concordar com suas razões para mudar, ou repetir, feito papagaios, as razões que "supostamente" possuem. Por exemplo: "É bom para minha saúde." "Meu chefe ficará mais feliz comigo." "É a coisa certa a fazer." Precisam escavar mais fundo e encontrar as próprias razões para a mundança – não raro, razões inesperadas que podem surpreender vocês dois.

O QUE ESPERAR DA INFLUÊNCIA INSTANTÂNEA

A influência instantânea pode abrir com rapidez uma possibilidade para mudança. O processo de efetivamente entrar em ação ou implementar um novo comportamento pode exigir um pouco mais de tempo, mas esse primeiro passo é crucial.

Quando você tem uma conversa de influência instantânea com alguém, há quatro desfechos possíveis:

1. *Sucesso absoluto.* Sua influência leva ao compromisso de mudança ou de certo avanço em direção a uma ação positiva. Você vai acompanhar o processo traçando um plano de ação (discutiremos isso no Capítulo 9) e continuando a monitorar o progresso dessa pessoa. Se necessário, talvez queira ter uma segunda conversa de influência instantânea mais à frente, para reavivar a motivação ou ajudá-la a dar o próximo passo.
2. *Sucesso parcial.* Sua influência abre caminho para uma mudança que não havia ocorrido antes, mas a pessoa ainda não se comprometeu a entrar em ação. Dê-lhe tempo para processar a conversa da própria maneira. Ela pode tomar a iniciativa, ou talvez seja preciso ter outra conversa de influência instantânea para auxiliá-la a seguir adiante.
3. *Sucesso limitado.* Sua conversa termina num tom civilizado, mas dá a impressão de se ter alcançado muito pouco. Você plantou uma semente que pode levar tempo para criar raiz, portanto, mantenha-se aberto à possibilidade de ter havido mais progresso do que imagina. Se não observar nenhum sinal de progresso em uma semana, ou mais, talvez queira prosseguir com mais uma conversa de influência instantânea, usando algumas das sugestões da Segunda Parte, para tornar a conversa mais produtiva.
4. *Beco sem saída.* A pessoa se recusa a ter a conversa e permanece altamente resistente o tempo todo. Como no cenário anterior, esteja aberto à pos-

sibilidade de ter havido mais progresso do que imagina. Se não houver sinais de progresso em uma semana, talvez você queira fazer um acompanhamento com outra conversa de influência instantânea, apenas para manter a porta aberta. O Capítulo 10 oferece dicas sobre como aceitar a situação e seguir em frente quando sentir que chegou a um impasse. No entanto, não desista rápido demais. As pessoas mudam à própria maneira, no próprio tempo. Se não ficar atento, talvez não perceba.

Teste suas habilidades de influência instantânea: ajude pessoas a encontrar os próprios motivos

Ao longo deste livro, eu lhe darei oportunidades de testar suas habilidades de influência instantânea. Mas, antes de aprender a utilizar essa abordagem, talvez você queira descobrir o quanto já é bom ao motivar a si mesmo e outras pessoas a entrar em ação. Talvez venha utilizando de modo instintivo a técnica da influência instantânea, o tempo todo; ou talvez perceba que, como a maioria de nós, recorreu em excesso à abordagem do dizer e vender. Eis aqui um questionário para testar suas habilidades motivacionais.

Imagine que uma amiga próxima precisa fazer uma mamografia, mas está sempre adiando. Ela tem histórico de câncer de mama na família, portanto, você sabe que é urgente, mas ela insiste em dizer que está sempre ocupada e cuidará disso "no mês que vem". Você (corretamente) acredita que ela esteja amedrontada e que tenha concluído, de maneira irracional, que, se nunca descobrir se tem câncer, não o terá. Você gostaria de ajudá-la a abordar o problema de forma mais realista e eficaz.

Seu objetivo é fazer com que sua amiga agende uma mamografia. Assinale os espaços ao lado das afirmações que, em sua opinião, podem ajudá-la a conseguir isso.

- ❑ Não entendo. É um procedimento tão simples e nem dói. Por que não quer ir ao médico?

- ❑ O que você acha que a está atrapalhando?
- ❑ Toda vez que toco nesse assunto, ficamos discutindo durante vinte minutos. Por que simplesmente não me pede que não toque mais no assunto?
- ❑ Olhe, vamos cair na real. Você não precisa marcar a consulta.
- ❑ Você não acha que se sentirá bem melhor quando tudo tiver passado e você souber o resultado?
- ❑ Posso fazer uma pergunta bem imbecil? Por que você sequer considera a ideia de fazer uma mamografia?
- ❑ Você gostaria que eu fosse ao médico com você?
- ❑ Você acredita que, se não for, não haverá nada de errado?
- ❑ Só para saber: imagine que já tivesse ido à consulta. Como acha que se sentiria?

Análise

Não entendo. É um procedimento tão simples e nem dói. Por que não quer ir ao médico? Ineficaz. Ao perguntar à sua amiga por que ela não quer ir ao médico, você a incentiva a ensaiar os motivos para *não* fazer algo. Mas, ao contrário, você deseja que ela foque nos próprios motivos para realizar algo. Quanto mais ela perceber por que deseja fazer uma mamografia, maior a probabilidade de o exame ser marcado. Lembrá-la de por que não quer fazê-lo pode aumentar ainda mais os obstáculos que sua amiga já enxerga.

O que você acha que a está atrapalhando? Ineficaz. Novamente, focar nos obstáculos só os potencializa. Como a maioria de nós, sua amiga pode estar em conflito: sente-se relutante para agir, mas também tem um grande desejo de realizar a ação. Se focar na resistência dela, sua amiga também o fará. Se focar no desejo que ela tem de entrar em ação, talvez ela possa focar nisso também.

Toda vez que toco nesse assunto, ficamos discutindo durante vinte minutos. Por que simplesmente não me pede que não toque mais no assunto? Eficaz. O fato de sua amiga estar discutindo significa que parte dela, por menor que seja, quer (ou ao menos *concebe a necessidade de*) marcar o exame. De outro modo, ela mudaria de assunto, ou lhe diria com firmeza que parasse de falar a respeito. Se alguém lhe sugerisse treinar para participar de um rodeio, passar seis meses na Antártica ou mandar todas as suas economias para uma conta de investimentos na Internet, sobre a qual nunca ouviu falar, você discutiria? Mas, se alguém sugerisse uma empresa de desenvolvimento profissional, férias num lugar inesperado ou uma reunião com seu consultor financeiro, é provável que ao menos discutisse a ideia, nem que fosse para explicar seus motivos na recusa da oferta. Perguntar à sua amiga por que está discutindo sobre a mamografia talvez seja útil: poderá ajudá-la a entrar em contato com essa parte dela que está ligeiramente aberta à ideia de fazer o exame.

Olhe, vamos cair na real. Você não precisa marcar a consulta. Eficaz. Como fiz com os executivos da GE, lembrar às pessoas que você está falando da escolha delas, e não da sua, e extremamente útil. Como veremos mais adiante neste capítulo, estamos todos sujeitos à lei da reatância – a tendência de resistirmos a algo que somos obrigados a fazer. Na verdade, quando alguém nos diz que precisamos realizar algo, isso pode nos levar a uma compulsão literalmente irresistível de fazer exatamente o oposto. Se quisermos entrar em ação, ajuda muito enxergarmos aquilo como escolha própria, e não uma necessidade. Embora talvez receie que essa abordagem possa ser um tiro que sai pela culatra, não tema: se a outra pessoa de fato não quiser fazer algo, ela não fará, não importa o que você disser. Mas, se uma pequena parte dela quiser entrar em ação, essa abordagem a libertará para encontrar os próprios motivos.

Você não acha que se sentirá bem melhor quando tudo tiver passado e você souber o resultado? Ineficaz. Você está dizendo à sua amiga como acha que ela se sentiria depois da mamografia, mas pode ou não estar certa. Ao fornecer sua visão sobre a situação, você a privará da chance de encontrar a visão dela. Ajudá-la a imaginar o futuro pode ser útil (essa é a base para o Passo 4 da técnica de influência instantânea), mas apenas se a visão que sua amiga tem do futuro for realmente dela.

Posso fazer uma pergunta bem imbecil? Por que você sequer considera a ideia de fazer uma mamografia? Eficaz. Agora sim você está pedindo à sua amiga que entre em contato com os motivos dela para fazer o que você gostaria que ela fizesse. Se sua amiga descobrir os próprios motivos para agendar o exame, ela o fará. Mas, se tiver consciência apenas de seus motivos, é provável que continue a resistir, mesmo que concorde com tudo que você diz. Esse tipo de pergunta – *Por que sequer considera a ideia?*, ou *Por que seria possível considerar isso?* – é outra versão do Passo 1 do processo de influência instantânea. É uma boa forma de incentivo, nem que se trate de uma pequena centelha de possibilidade ("Talvez eu *possa* fazer isso") para se transformar, depois, numa grande labareda ("Sabe, acho que *vou* fazê-lo!").

Você gostaria que eu fosse ao médico com você? Ineficaz. Essa oferta generosa talvez seja útil mais tarde, mas não agora. Isso porque sua amiga ainda nem se comprometeu a agendar um horário. Se ela houvesse dito: "Eu sei que me sentiria mil vezes melhor se acabasse logo com isso, mas não suporto a ideia de ir até lá sozinha", essa seria uma maneira maravilhosa de lhe oferecer apoio. Mas, até que sua amiga tenha descoberto o *porquê*, focar no *como* não irá ajudar.

Você acredita que, se não for, não haverá nada de errado? Ineficaz. Como nos dois primeiros exemplos, essa pergunta foca no motivo de *não* realizar algo, e não em por que realizá-lo. Mesmo que você esteja certa quanto a esse ponto, sua amiga pode não estar pronta para admiti-lo. E, se ela concordar em responder, saber o motivo de estar com medo não vai necessariamente libertá-la de seu temor. Ela não precisa de mais foco no porquê de *não* querer fazer o exame. Precisa, ao contrário, de enfoque no que a motivaria a fazê-lo.

Só para saber: imagine que já tivesse ido à consulta. Como acha que se sentiria? Eficaz. Ajudar sua amiga a visualizar o benefício que poderá obter com sua ação é muito útil, porque lhe permitirá entrar em contato com as próprias razões para fazer a mudança. (Essa é uma versão eficaz do Passo 4 da influência instantânea.) Se o fato de imaginar um quadro feliz quando a consulta já tiver ficado para trás trouxer alívio à sua amiga, o desejo de continuar sentindo esse alívio pode motivá-la a marcar o exame.

Pontuação

Para cada resposta "eficaz" escolhida, marque 1 ponto. Para cada "ineficaz", subtraia 1 ponto.

Mais de 4 pontos: Parabéns! Você tem muito jeito para criar influência instantânea e provavelmente já influencia os outros de maneira bem eficaz. Se quiser desenvolver mais suas habilidades e aprender como aplicá-las em diversas situações, até mesmo em casos que julgava impossíveis, continue a ler.

1-4 pontos: Você compreende instintivamente os tipos de pergunta que movimentam os acontecimentos na direção certa, mas ainda está perdendo oportunidades que poderiam torná-lo mais eficaz. A influência instantânea pode ajudá-lo a refinar seus instintos e melhorar sua abordagem.

0 ponto: Seus bons instintos em contraposição a afirmações menos eficazes acabam se anulando reciprocamente. Ler este livro poderá ajudá-lo a reconhecer os tipos de pergunta que são genuinamente eficazes para produzir ação e afastá-lo de perguntas e afirmações que só atrapalham.

Pontuação negativa: Você gostaria de ajudar, mas não sabe como fazê-lo de maneira eficaz. Não se preocupe. Depois que se especializar nos princípios da influência instantânea, achará muito mais fácil incitar as pessoas a entrar em ação, e também descobrirá novas formas de se motivar.

TRÊS PRINCÍPIOS GUIAS

A influência instantânea baseia-se em três princípios:

1. Ninguém é obrigado a fazer absolutamente nada; a escolha é sempre sua.
2. Todos já possuem motivação suficiente.

3. Focar em qualquer vestígio de motivação, por menor que seja, funciona muito mais que perguntar sobre resistência.

Esses princípios derivam do trabalho de psicólogos sociais pioneiros como Jack e Sharon Brehm, Martin Seligman, Leon Festinger e Daryl Bem[1], pesquisadores cujas teorias foram confirmadas por, literalmente, milhares de estudos. Então, vamos dar uma olhada mais atenta na abordagem científica da influência instantânea.

A lei da reatância psicológica

O primeiro princípio – "Ninguém é obrigado a fazer absolutamente nada; a escolha é sempre sua" – é uma resposta à lei de reatância psicológica: se alguém lhe diz para fazer algo, você provavelmente não sentirá vontade de fazê-lo, mesmo que, de outro modo, o desejasse[2]. Essa lei, amplamente estudada por Jack e Sharon Brehm desde 1966, há muito tem sido a ruína de gerentes, profissionais de saúde e pais. Na verdade, quanto mais outra pessoa tenta forçá-lo a fazer algo – quanto mais gritarem com você, insistirem, ameaçarem com consequências terríveis –, menos você terá vontade de fazê-lo, e menos provável será que de fato o faça.

Desde que os Brehm identificaram esse aspecto-chave da personalidade humana, eles e outros pesquisadores conduziram milhares de experiências para investigar, a princípio, se a visão inicial dos Brehm era exata e, depois, para compreender essa reação em mais detalhes[3]. Obviamente, aqui não há espaço para revisar a quantidade maciça de pesquisa conduzida sobre o assunto, mas deixe-me compartilhar alguns dos estudos mais interessantes[4].

Numa experiência que se tornou famosa, os pesquisadores convidaram universitários para avaliar inúmeras tarefas de resolução coletiva de problemas, classificando o próprio interesse como alto, baixo ou indiferente[5]. Em seguida lhes foi dado tempo para que se dedicassem a qualquer tarefa que quisessem, durante duas sessões intercaladas com um intervalo, enquanto os pesquisadores monitoravam as preferências. No entanto, durante o intervalo, "os aliados"

– pesquisadores-alunos que fingiam ser participantes – incentivavam fortemente os universitários a escolher certas tarefas e evitar outras à medida que entrassem no segundo turno.

É provável que você já tenha adivinhado o que aconteceu a seguir. As tarefas que os universitários foram incentivados a evitar tornaram-se exatamente as que mais lhes interessavam. Na verdade, com base nas próprias ações, ficavam ainda mais interessados nas tarefas "proibidas" do que nas que antes haviam cotado como de "alto interesse".

Agora, a essa altura, você pode estar pensando: *Claro, o fruto proibido é mais doce. É evidente que os alunos queriam fazer o que lhes diziam para* não *fazerem! Mas e se os alunos tivessem se interessado por certas tarefas e tivessem sido instruídos a fazê-las? Eles as teriam evitado apenas porque lhes haviam dito que as escolhessem?*

Na verdade, foi exatamente o que ocorreu. Esse estudo, além de inúmeros outros que se seguiram, mostrou que as pessoas tendem a evitar o que lhes recomendam e escolhem o que é sugerido evitar. Esse processo se mostrou verdadeiro mesmo quando os universitários haviam demonstrado interesse por alguma coisa. Dizer às pessoas que escolham uma atividade – ainda que seja algo de que gostem – é quase garantia de que vão evitá-la. Essa é a intensidade da desaprovação das pessoas quando alguém lhes diz o que fazer.

Uma vez que a lei da reatância estava bem estabelecida entre os cientistas, os pesquisadores passaram a observá-la mais atentamente. Havia algum tipo de mensagem, por exemplo, que talvez tivesse um efeito oposto ao pretendido? Em 2005, os cientistas sociais James Price Dillard, da Universidade Estadual da Pensilvânia, e Lijiang Shen, da Universidade de Wisconsin, Madison, conduziram uma experiência com 202 alunos dessa última universidade[6]. Dividiram os alunos em dois grupos e deram a cada um deles uma mensagem diferente sobre os benefícios de passar fio dental com regularidade. Embora as duas mensagens oferecessem informações idênticas, cada uma foi verbalizada de modo diferente.

Solicitou-se a um grupo que lesse uma mensagem considerada "pouco ameaçadora", focando na autonomia dos alunos e no direito de decidirem por si próprios:

> [...] a maioria das pessoas concordaria que o uso do fio dental merece séria consideração [...] doenças de gengivas podem levar a sérios problemas: doenças cardíacas, enfarto, diabetes, pneumonia, o que significa que você talvez queira pensar em transformar o uso do fio dental em hábito regular.
>
> Se você já usa fio dental, continue a fazê-lo. Se não usa, talvez seja uma boa hora para começar. Na verdade, talvez você queira tentar isso hoje. É fácil; por que não experimenta? Estabeleça o objetivo de passar fio dental diariamente, ao longo de uma semana, começando hoje.

Ao segundo grupo de alunos foi dada uma mensagem "altamente ameaçadora" que enfatizava o *dever*, em vez do *querer*.

> [...] Qualquer pessoa sensível pode ver que realmente não há escolha quando se trata do uso de fio dental. É algo que você simplesmente tem de fazer [...]. E o fato de que as doenças gengivais podem ser a base de outros problemas graves, como enfarto e pneumonia, torna uma idiotice não passar fio dental todos os dias de sua vida. Portanto, se já usa fio dental, não pare um dia sequer. Se não tem usado, é hora de começar: hoje.
>
> Faça-o, porque é preciso. Passe fio dental diariamente [...]. Estabeleça uma meta para o uso de fio dental todos os dias, ao longo de uma semana, começando hoje.

Como você já deve ter concluído, os alunos que ouviram a mensagem pouco ameaçadora ficaram significativamente mais inclinados a usar fio dental em relação aos alunos que ouviram a mensagem altamente ameaçadora. Acho isso estarrecedor. Será que uma pessoa racional não deveria reagir ao conteúdo em lugar de ao nível de ameaça na mensagem? Afinal, todos concordam que o uso do fio dental é uma boa ideia, e saber de consequências terríveis no caso de não uso, como pneumonia e enfarto, deveria despertar medo até mesmo nos mais negligentes. Mas, na verdade, a mensagem eficaz foi a que enfatizou a autonomia dos alunos, não as consequências de não usar o fio dental. Mais importante que evitar pneumonia ou enfarto, aparentemente, é sentir que estamos no comando de nosso destino.

Agora considere a relação disso com seu local de trabalho. Se está tentando motivar um funcionário relutante a parar de usar o celular durante o expediente, ou demonstrar mais iniciativa ao assumir projetos extras, talvez pense que ameaçar demiti-lo, penalizá-lo ou puni-lo de outras maneiras seja algo altamente eficaz – sua própria versão do "você deve" no local de trabalho. Porém, muito mais eficaz é ajudar um funcionário a descobrir por que ele deseja cumprir a regra de não usar o celular ou expandir sua carga de trabalho. Por mais surpreendente que possa ser, respeitar a autonomia do funcionário e deixar a escolha final por conta dele – quando em conjunto com a abordagem da influência instantânea – tende a ser a estratégia mais eficaz. O mesmo princípio se aplica a pais e responsáveis. Por mais irracional que possa parecer, nossos filhos reagem muito melhor quando sabem que não precisam fazer algo.

Percebi que não raro tentamos influenciar os outros dizendo as coisas terríveis que acontecerão se não fizerem o que queremos que façam: "Você terá de assumir mais responsabilidade por aqui, ou talvez tenha de dispensá-lo." "Você precisa perder peso – está caminhando para um diabetes." "É bom que suas notas melhorem, ou não vai conseguir entrar numa boa faculdade." A maioria já tentou esse tipo de tática, ao menos uma vez na vida, e em geral encontrou frustração.

Como a mensagem de alta e baixa ameaça deixa claro, a maioria das pessoas não reage bem à ameaça. Às vezes, poderão argumentar diretamente com você: "Você não pode me despedir. John está trabalhando menos ainda... e chega atrasado todos os dias!" "Meu avô comia coisa muito pior e viveu até os 92 anos!" "Posso, sim, entrar numa boa faculdade!" Outras, vão lhe dizer por que não se importam: "Bem, vá em frente. Pode me demitir!" "Ei, quando chegar a hora, chegou a hora." "Não quero ir para a faculdade mesmo."

A lei da reatância psicológica é difícil de desobedecer. Por sorte, há uma solução fácil, seja para motivarmos os outros ou a nós mesmos. Evite o *tem que* e as ameaças, e enfoque no *querer* e em *porquês*, que criam influência instantânea. Claro, às vezes talvez seja preciso mostrar as consequências. Mas não use as consequências para tentar influenciar alguém; outros tipos de motivação funcionam melhor.

Acesso à própria motivação

O segundo princípio da influência instantânea é que "todos já possuem motivação suficiente". Em parte, essa premissa baseia-se na pesquisa sobre depressão, conduzida pelo psicólogo clínico Martin Seligman, em 2005[7]. Um dos aspectos mais debilitantes da depressão é a falta de energia e a sensação de desesperança, que parecem causar um curto-circuito em qualquer mudança comportamental, antes mesmo que ela comece. Se disser a alguém que está deprimido que ele se sentirá melhor caso saia ou faça algo divertido, é quase certo que ele lhe dirá que não tem forças e que, de qualquer forma, isso não ajudaria.

Seligman nao se convenceu. Talvez as pessoas deprimidas tivessem motivação suficiente para fazer mudanças positivas na vida – talvez só precisassem acessá-la. Por isso, ele enviou um questionário on-line a 577 pessoas levemente deprimidas, sobre o que poderiam fazer se não estivessem deprimidas.

Todos os que participaram do estudo descreveram a si mesmos como inativos e desconectados do mundo ao redor. Viam-se como seres destituídos de energia e motivação para sair e se divertir, e se sentiam tristes e frustrados por conta dessa deficiência. Seligman pediu que mantivessem um diário durante uma semana – não sobre o que faziam, nem sobre o que planejavam fazer, mas apenas sobre o que *fariam* se tivessem mais energia.

Notem que Seligman criou uma situação na qual os participantes do estudo não poderiam focar no como ("Como posso me divertir, se estou tão cansado?"). Isso talvez incentivasse as pessoas a pensar em todos os motivos para não entrar em ação. Em vez disso, ele tentou acessar a motivação pedindo às pessoas que focassem naquilo que poderiam querer. (Como se verá no Capítulo 3, *poder* é uma das palavras mais úteis no vocabulário da influência instantânea.)

De uma maneira incrível, ao notarem o que potencialmente poderiam querer fazer, esses indivíduos deprimidos descobriram que tinham motivação, no fim das contas. Apenas uma semana após pensarem nos potenciais desejos, relataram se sentir mais ativos no mundo. Também disseram que estavam mais felizes e menos deprimidos.

Resolução da dissonância cognitiva

O terceiro princípio da influência instantânea é: "Focar em qualquer vestígio de motivação, por menor que seja, funciona muito mais que perguntar sobre resistência". Essa premissa inspira-se no trabalho do psicólogo social Leon Festinger, que em 1957 pesquisou o conceito de dissonância cognitiva. Festinger percebeu que frequentemente temos duas ideias conflitantes, ou dissonantes, sobre quem somos[8]. Por exemplo, acreditamos estar deprimidos e desmotivados, mas depois ouvimo-nos dizer: "Se não estivesse deprimido, adoraria ir ao cinema"; ou: "Se tivesse energia, gostaria de encontrar minha amiga Sarah para um café". Como podemos corrigir essa dissonância entre essas afirmações a respeito de nós e de nosso comportamento? Uma maneira é saindo e nos divertindo. Assim, ações e afirmações sobre nós mesmos vão combinar. Ouvir-nos dizer o que desejamos fazer nos ajuda a encontrar motivação para fazê-lo.

A maioria de meus *trainees* e consultores recebem esse *insight* com ceticismo. Não conseguem acreditar que apenas dizer "Eu gostaria de fazer X" de fato tornará mais provável que a pessoa faça X. Eu lhe garanto que dúzias de estudos muito respeitados corroboraram esse ponto, por mais surreal que possa parecer. Acho que o motivo por ficarmos tão surpresos é estar acostumados a ouvir as pessoas dizerem "Eu *deveria* fazer X", e isso, é claro, tem efeito literalmente oposto. Quanto mais pensamos que devemos fazer algo, *menos* inclinados ficamos a fazê-lo, em particular quando a lei da reatância se instala. Por isso a influência instantânea é tão poderosa. Ela ajuda as pessoas a identificar os próprios motivos para desejarem algo e, com isso, é quase certo que a ação positiva venha a seguir.

Em outras palavras, tanto Seligman quanto Festinger descobriram que parece haver um forte desejo de alinharmos afirmações sobre nós mesmos a ações. Sentimo-nos muito desconfortáveis se descobrimos que não nos conhecemos tão bem quanto pensávamos. Assim, tomaremos todos os tipos de providências extraordinárias apenas para provarmos que de fato sabemos quem somos.

Você já deve ter percebido como essa necessidade de consistência pode nos auxiliar a usar a influência instantânea com sucesso. Uma vez que a pessoa esboça uma afirmação sobre o que quer, tal como "Posso desejar ser pontual no trabalho algum dia", ela já estabeleceu dissonância cognitiva não passível de resolução, até que realmente se torne pontual. Até que suas ações combinem com suas afirmações, ela não pode contar consigo para saber quem é.

Para a maioria, é doloroso e inquietante encontrar rombos na própria imagem. A única maneira de resolver esse desconforto é dar acabamento à ideia sobre nós. Dessa forma, se pudermos fazer com que uma pessoa expresse o mínimo desejo de entrar em ação, ao menos parte dela vai querer alinhar seu comportamento às próprias afirmações.

Mantenha em mente que isso só funciona com o querer, e não com o dever ou o *supostamente ter de*. "Deveria estar no trabalho às nove horas, mas estou sempre atrasado" não é uma dissonância cognitiva. Trata-se de alguém que não obedece às regras e que chega, de fato, sempre atrasado ao trabalho. Você pode não gostar de quem é, mas sabe quem é. No entanto, se diz a si mesmo: "Quero chegar ao trabalho no horário", e, em particular, se sabe por que quer ("Ficaria menos estressado." "Poderia deixar de me sentir culpado por meus colegas terem de dar desculpas por mim." Poderia tomar o café ainda fresco"), então, seu comportamento está bem mais inclinado a combinar com suas afirmações. Você de fato quer chegar ao trabalho no horário, porque acaba de dar várias razões para esse desejo, portanto, agora quer. Você dá um suspiro de alívio, e a dissonância cognitiva desaparece.

O comportamento em primeiro lugar

Provavelmente não vá surpreendê-lo descobrir que nem todos concordam com a teoria da dissonância cognitiva. Na verdade, alguns cientistas sociais como Daryl Bem acham que ocorre o contrário[9]. Em vez de começar com atitudes ("Quero chegar no horário") e, em seguida, passar ao comportamento ("Olhe, acabo de chegar no horário"), Bem acha que o comportamento é a chave do processo ("Ei, cheguei no horário ontem"), e as atitudes podem vir na sequência ("Ora, só pode significar que gosto de ser pontual. Já que gosto tanto disso, talvez simplesmente continue a fazê-lo").

A abordagem de Bem também conduz à influência instantânea. Se você conseguir que alguém se engaje num comportamento – mesmo que seja um passo minúsculo –, há algo sobre que construir. Uma vez que a pessoa reconhece que fez algo (chegou pontualmente ao trabalho, começou a correr toda manhã antes de ir para o trabalho, fez escolhas mais saudáveis para a alimentação), você pode ajudá-la a encontrar motivação para continuar a fazê-lo.

A influência instantânea quase sempre começa com pequenos passos. Como foi visto na Introdução, não tentei fazer com que os executivos da GE se comprometessem com minha abordagem. Apenas pedi que concordassem em ouvir. Imaginei que, ao concordarem, talvez se dispusessem a aprender e até a comprar a ideia do programa. Se sua amiga está relutante em agendar uma mamografia, esqueça a mamografia em si; pergunte qual motivo, talvez, a motivaria a procurar o telefone do médico e anotá-lo. Ela pode achar a pergunta estranha, mas incentive-a a responder, mesmo assim. Talvez ela diga: "Bem, se um dia precisar ligar, acho que procurar o telefone agora pode facilitar", ou: "Ao menos terei a informação se precisar". Porém, se sua amiga se motivar a anotar o número, essa pequena ação é uma grande afirmação: "Estou considerando fazer uma mamografia". E alguém que está considerando fazer uma mamografia talvez possa, de fato, seguir em frente e fazê-la.

Do mesmo modo, se estiver com dificuldade em conseguir um emprego, não comece tentando marcar cinco entrevistas. Escolha um passo menor, como passar dez minutos on-line, pesquisando um site de empregos. (Falaremos mais sobre a definição de um primeiro passo apropriado no Capítulo 3.) Dar um pequeno passo em direção a um objetivo com frequência nos ajuda a descobrir imensos reservatórios motivacionais para seguir em frente.

Você pode modificar o Passo 1 da técnica de influência instantânea para focar em um comportamento efetivo. Em vez de perguntar: "Por que você poderia querer mudar?", você poderia fazer esta pergunta: "Por que você já [citar alguma atitude que represente um pequeno passo em direção à mudança]?" Ou, como perguntei aos executivos da GE: "Vocês poderiam ter descoberto uma maneira de dispensar essa reunião, como Frank fez, mas não o fizeram. Então, me digam, por que estão aqui?" Em outras palavras: "Já que está aqui na reunião, só pode querer estar aqui. *Por que*, então, deseja estar aqui?"

De maneira semelhante, você pode perguntar à sua amiga: "Por que está sempre discutindo quanto a fazer a mamografia? Por que não me pede que não toque mais no assunto?" Em outras palavras: "Já que estamos discutindo sobre a mamografia, você só pode estar considerando fazê-la. Por que está considerando fazê-la?" Se estiver tendo dificuldades ao procurar emprego, talvez queira se perguntar: "Por que estou pensando em conseguir um novo emprego? Por que simplesmente não abandonei a ideia?" As ações das pessoas frequentemente mostram que elas têm muito mais motivação do que percebem. Podemos usar a prova dessas ações para ajudá-las a encontrar ainda mais motivação.

Falar sobre qualquer vestígio de motivação é bem melhor que perguntar sobre resistência. Com o devido respeito aos cientistas envolvidos na polêmica sobre dissonância cognitiva, pessoalmente acho que, às vezes, a atitude vem em primeiro lugar; em outras ocasiões, o comportamento. A influência instantânea atua com as duas abordagens, possibilitando, assim, maior chance de êxito.

UMA ABORDAGEM COMPROVADA

A influência instantânea não é apenas baseada em ciência bem testada. Ela também já se provou em inúmeros cenários profissionais.

- **Pacientes psiquiátricos**

  Antes: pacientes psiquiátricos hospitalizados no St. Barnabas e no Union Hospital, no Bronx, Nova York, eram instruídos de modo rotineiro, numa abordagem altamente ameaçadora, a seguir estritamente o acompanhamento posterior à internação e as recomendações do tratamento, ou ficariam ainda mais doentes e teriam de reingressar ao hospital. Essa abordagem altamente ameaçadora produzia um índice de adesão de apenas 13%, e muitos pacientes voltavam ao hospital, repetidamente.

  Depois: após uma sessão de apenas uma hora de influência instantânea conduzida por formandos, para pacientes psiquiátricos, os níveis de adesão aumentaram em 250% e continuaram a progredir depois disso, conforme ambos os hospitais transformavam a influência instantânea em parte básica dos cuidados com o paciente. Por um tempo, os hospitais deixaram de utilizar a abordagem, porque eram poucos os pacientes que retornavam, e estavam perdendo dinheiro. No entanto, desde 1994, o programa tem sido fortemente aplicado[10].

- **Presos em liberdade condicional**

  Antes: trata-se de pessoas notoriamente conhecidas por não condescenderem às exigências da corte para permanecerem fora da prisão. Alguns chegam a dizer que preferem ir presos a ter de lidar com os oficiais de condicional, que geralmente apresentam exigências de modo altamente ameaçador. Por exemplo: "Se não fizer o que eu digo, vai para a cadeia". A alternativa – a indulgência – não apresenta resultados melhores; os presos em liberdade condicional não raro rompem os termos da sentença e vão direto para a prisão.

  Depois: desde que Connecticut começou a usar a influência instantânea no sistema de liberdade condicional, os índices de regresso baixaram de maneira significativa, a população carcerária diminuiu, e os oficiais de condicional relatam agora um aumento na satisfação profissional. Os chefes de departamento estão usando a influência instantânea até mesmo para melhorar a própria atuação, bem como a de suas equipes:

gerentes e funcionários tornaram-se mais pontuais, tiram menos dias de licença médica, entregam relatórios nos prazos, estão mais preparados e tendem a se oferecer como voluntários para projetos especiais.

- **Gerentes e pessoal de recursos humanos**

  Antes: quase todo gerente que treino tem histórias de frustração. Como ele pode gerenciar uma pessoa resistente que tem resposta para tudo, ou faz o mínimo, só para evitar ser demitido?

  Depois: após todas as sessões de treinamento de influência instantânea, tenho recebido inúmeros e-mails dizendo ter feito toda a diferença. Disseram apreciar em particular a expressão nos olhos do funcionário pouco antes de anunciar seus motivos para fazer o que o gerente passou semanas, inutilmente, tentando convencê-lo a fazer.

- **Meus próprios clientes de consultoria e pacientes**

  Antes: nem eu mesmo sabia o que dizer às pessoas, quando me diziam não. Desejava ajudá-las a mudar, mas, se eram resistentes, não sabia como auxiliá-las a progredir.

  Depois: todos os meus clientes e pacientes de influência instantânea tiveram um progresso significativo, mesmo que alguns deles tenham mais trabalho a fazer. Sou muito mais eficaz como treinador, consultor e terapeuta agora que compreendo que a mudança deve vir de dentro.

MOTIVOS QUE AS PESSOAS DÃO PARA NÃO UTILIZAR ESSA TÉCNICA

Às vezes, independente das inúmeras estatísticas e dos exemplos pessoais que cito, *trainees*, colegas ou clientes de consultoria fazem objeções à ideia da influência instantânea. Acreditam que não funciona, ou podem ter dificuldades filosóficas ou práticas com a abordagem. Eis aqui algumas objeções comuns e minhas respostas a elas.

- *"O confronto é necessário."* Sim; às vezes, é. Numa situação terrível – uma pessoa embriagada que quer dirigir; um empregado prestes a tomar uma decisão que poderá custar dinheiro à empresa, ou mesmo seu emprego – talvez você não tenha tempo de deixar que a outra pessoa encontre os próprios motivos. O confronto também pode ser necessário com base emocional. Às vezes, é menos importante fazer alguém mudar seu comportamento do que lhe dizer como se sente. Embora seja difícil motivar alguém enquanto expressa seus sentimentos, podem ser necessárias a honestidade emocional ou a satisfação que vêm de um confronto direto.

Em qualquer um desses casos, o confronto não funcionará para sempre. No longo prazo, quando o perigo for menos imediato, sua melhor opção é a influência instantânea.

- *"Isso é manipulação."* Pode ser. Mesmo que sua influência for vulnerável ou confusa, você pode ser capaz de convencer alguém de que ele realmente quer o que você quer.

Mas o objetivo da influência instantânea não é manipular as pessoas. É ajudá-las a entrar em contato com seus motivos potenciais para tomar determinada atitude. Se for honesto em relação ao que quer, todas as cartas estarão na mesa. Isso não é manipulação; é dar a alguém a chance de descobrir opções que ele não sabia que tinha ou desejava.

- *"Não quero ser o terapeuta de outra pessoa."* E nem deve ser. Se acha que alguém realmente precisa de um terapeuta, não tente preencher tal necessidade usando esse processo. No entanto, você pode utilizar a influência instantânea para motivar a pessoa a buscar ajuda profissional.

- *"Não terei tempo suficiente com a outra pessoa, apenas um ou dois minutos."* De preferência, você levará ao menos sete minutos para lidar com esse processo. Mas, às vezes, um ou dois minutos são suficientes. Conheço gente que deu uma grande guinada na vida, quando lhes foi feita apenas uma das perguntas da influência instantânea. Fazer perguntas breves, porém eficazes, que motivem a pessoa a se movimentar ao menos um pouquinho, é melhor que ser ineficaz ou não fazer nada. Ao menos você está lhe dando a chance de pensar a respeito!

- "*Outros meios funcionam melhor.*" Às vezes, claro, isso é verdade. Para algumas pessoas, incentivos, recompensas ou punições podem ser motivações mais eficazes do que essa técnica especificamente. E, para outras, a combinação dessa técnica e recompensas ou punições é mais eficaz. Porém, se outras abordagens utilizadas não estão funcionando de modo satisfatório, a influência instantânea pode ajudar.
- "*Por que eu deveria fazer isso?*" Com frequência, as pessoas se frustram pelo tempo que estão tentando motivar alguém a efetuar uma mudança. A ideia de aprender uma nova abordagem pode ser assustadora, irritante ou simplesmente desanimadora.

Se estiver pronto para desistir de alguém, pode esquecer a influência instantânea e encerrar o relacionamento. Mas, se essa não for uma opção, ou não for a opção que você escolheu, depositar um pouquinho mais de empenho, utilizando uma técnica eficaz, talvez faça a diferença. Se tentar esse método e não der certo, ao menos saberá que fez o melhor possível.

- "*Não vai dar certo e me sentirei pior que antes.*" Na maioria dos casos, essa abordagem funciona *sim*. Mas, se não funcionar, a única forma de ficar pior é agora ter uma visão mais clara de sua situação. Agora você pode estar mais bem preparado para aceitar que seu empregado difícil, chefe irracional ou sócio teimoso de fato não se comportarão da maneira que você gostaria. Depois de ter feito sua melhor tentativa, poderá seguir adiante e aceitar a situação, refletindo sobre o que gostaria de fazer em seguida. (Abordaremos a aceitação no Capítulo 10.)

Espero que o aprendizado deste capítulo o tenha persuadido a fazer uma tentativa com a influência instantânea. Seguiremos para o Capítulo 2, que vai lhe mostrar como reforçar a autonomia – a melhor preparação possível para uma conversa de influência instantânea.

Capítulo Dois

REFORÇO DE AUTONOMIA

Os seis passos da influência instantânea são a essência do processo. Mas esses passos serão muito mais eficazes se você se preparar para eles, reforçando a autonomia da outra pessoa. A autonomia é a base dos dois primeiros princípios de influência instantânea:

1. Ninguém é obrigado a fazer absolutamente nada; a escolha é sempre sua.
2. Todos já possuem motivação suficiente.

Em outras palavras, as pessoas farão o que querem fazer. Não precisamos forçá-las; temos apenas de deixar que encontrem os próprios motivos para fazer algo. Na verdade, se tentarmos forçá-las, a lei da reatância psicológica provavelmente provocará resistência.

Quando deixamos as pessoas encontrarem os próprios motivos, elas podem concordar com a mudança em um tempo surpreendentemente curto. Por quê? Porque cada um de nós traz a motivação dentro de si. Cada funcionário relutante que aparece para avaliação, cada gerente de RH que argumenta contra um novo procedimento, cada cliente em perspectiva, cada cliente cético que chega para uma negociação – todos já estão motivados até certo grau para resolver o problema, encontrar o melhor procedimento ou entrar num relacionamento produtivo. Reforçar a autonomia do influenciado ("Essa decisão realmente cabe a você"; "Tenho minhas ideias, mas a escolha final é sua") facilita muito para motivá-lo a encontrar os próprios motivos.

Você também pode reforçar a própria autonomia. Imagine que esteja tentando começar um novo plano de exercícios. Lembre-se de que você realmente não precisa começá-lo na segunda-feira. Pode adiá-lo por uma semana, duas, ou até para sempre. Afinal, não tem de fazer absolutamente nada. Uma vez que entenda que não precisa se exercitar, pode seguir adiante e perguntar a si mesmo *por que* pode querer fazê-lo.

Pode demandar um grande voto de fé dizer a um funcionário, treinador, filho, parceiro romântico ou paciente que o próximo passo de fato cabe a ele; que é, realmente, decisão dele. Na maioria das vezes, desejamos gritar: "Seu idiota!

Você não sabe o que vai acontecer se não parar de fumar?", ou: "Da próxima vez que fizer algo assim, estou fora daqui!", ou ainda: "Como pode colocar todo o futuro em jogo deixando de lado seu dever de casa?". Mais uma vez, não estou dizendo que não deve haver consequências. Mas lembre-se de que as pessoas não agirão motivadas por suas razões, e sim pelas delas. Reforçar a autonomia que possuem é a melhor maneira de prepará-las para a influência instantânea.

Parece difícil de acreditar? Não é de admirar. A maioria das pessoas que treino também é cética. Quando você coloca a influência instantânea em prática, algo que estará pronto a fazer ao final do Capítulo 3, você mesmo verá como ela pode funcionar bem. Enquanto isso, daremos uma olhada mais atenta nos dois princípios-chave, baseados no reforço de autonomia.

NINGUÉM TEM DE FAZER ABSOLUTAMENTE NADA; A ESCOLHA É SEMPRE SUA

Esse princípio origina-se da lei da reatância psicológica. Como você deve lembrar, essa lei foi validada por milhares de estudos, mostrando que as pessoas não apreciam quando outras lhes dizem o que fazer. Quase se pode afirmar que a forma mais rápida de motivar alguém a fazer algo é lhe dizer que *não* o faça. (Sempre penso no herói de Mark Twain, Tom Sawyer, que foi muito ladino recusando-se a deixar que os garotos da vizinhança o ajudassem a pintar a cerca de cal – quando lhe imploraram que deixasse, ele aceitou em troca de seus pertences mais valiosos.)

Esse princípio é baseado em quatro suposições:

1. Cada um de nós é livre para escolher o comportamento no qual queremos ingressar.
2. Outras pessoas podem ameaçar essa liberdade com certos tipos de afirmações, tais como "Você precisa fazer isso" ou "Você não pode fazer aquilo".

3. Tendemos a reagir de modo muito negativo quando nossa liberdade é verbalmente ameaçada: discutimos, sentimos raiva ou desânimo, justificamos o comportamento que foi criticado e/ou renovamos a intenção de lhe dar continuidade.
4. A liberdade ameaçada pode ser restaurada por afirmações de ênfase à autonomia, tais como "É com você", "Você é o único que pode decidir fazê-lo" e "Isso é realmente decisão sua". Se estamos nos motivando, devemos lembrar que não temos de fazer absolutamente nada. Se estamos motivando outra pessoa, devemos lembrá-la de que ela não tem de fazer absolutamente nada, e depois lhe assegurar que aceitamos e apoiamos sua autonomia.

Pode ser difícil se lembrar de que "ninguém tem de fazer absolutamente nada", principalmente em situações em que nos sentimos responsáveis – pelo bem-estar de outra pessoa ou por um grande projeto que dirigimos, por exemplo. Mas, mesmo que haja momentos em que não apreciaremos reconhecer a liberdade de outra pessoa para escolher ou não fazer algo, a chave é aceitar essa liberdade.

TODOS JÁ POSSUEM MOTIVAÇÃO SUFICIENTE

Embora não tenha percebido tão logo desenvolvi a influência instantânea, o conceito de todos já possuírem motivação suficiente é bem popular no mundo dos negócios. A General Electric, por exemplo, vê essa noção como um componente natural da filosofia de "crescimento orgânico" – a ideia de que um negócio deva crescer organicamente, de dentro. Da mesma maneira que um negócio não deve ser forçado a crescer, as pessoas tampouco devem ser forçadas a mudar – elas também podem mudar organicamente, de dentro. O pessoal da GE começou a chamar esse conceito de "princípio ecológico" da influência instantânea. Alguns executivos chegaram até a falar em "motivação sustentável".

O que gosto nessas ideias é que nos permitem visualizar pequenas quantidades de motivação tanto quanto grandes porções dela. Numa era de defensores do pensamento positivo, tal como professam Tony Robbins e Napoleon Hill, talvez acreditemos que a única motivação eficaz seja a central elétrica, o fogo feroz, a crença cega e incontrolável – um grau de motivação que a maioria das pessoas simplesmente não possui.

Claro que algumas pessoas possuem níveis extraordinários de motivação – como vimos na Introdução, meu pai é uma delas –, mas mesmo elas podem não se sentir sempre motivadas. Embora meu pai tenha se empenhado em uma travessia pela Europa e construído uma nova vida na América, teve dificuldade ao acessar a própria motivação para parar de fumar, como explicarei no Capítulo 6. E, quando se empenhou em parar de fumar, começou devagar: apenas dois cigarros por semana. Talvez seja preciso a força de uma central elétrica para parar de fumar de uma vez, mas quem não consegue fazer uma pequena mudança, algo de que mal sentirá falta? Com muita frequência, deparamos com pequenas quantidades de motivação, minúsculas centelhas, em vez de fogaréus gigantescos.

Ainda assim, para conseguir realizar o trabalho, aquela pequena centelha talvez seja tudo de que você precise. Isso porque, como diz certo provérbio chinês, uma jornada de mil milhas começa com um único passo. Enquanto a maioria tem dificuldade de imaginar o fim da jornada, literalmente todos nós podemos encontrar motivação para fazer um pequeno começo. E esse passo pode levar a outro, e outro, depois a outro, e, antes que percebamos, chegamos lá.

Não se trata apenas de uma afirmação otimista. Inúmeros estudos têm demonstrado que pessoas com qualquer nível de motivação são capazes de mudanças dramáticas. Quando as pessoas avaliam a própria motivação numa escala de 1 a 10, por exemplo, você talvez ache que as que estão no 10 são as que têm mais probabilidade de entrar em ação que as que estão no 2. Nem tanto! Na verdade, vários de meus estudos revelaram que as pessoas que fazem mudanças significativas de comportamento figuraram ao longo de toda a escala, não apenas no alto dela[1].

Estudos também mostraram que as pessoas são mais suscetíveis a serem motivadas pelos próprios anseios e desejos do que por qualquer outra coisa imposta externamente. Não importa se falamos sobre ameaças, promessas, recompensas ou reconhecimento financeiro – tais fatores externos não enfatizam a motivação que foi mobilizada de dentro[2].

Embora durante anos especialistas em motivação tentassem elaborar um questionário para predizer o desempenho futuro, ninguém ainda conseguiu fazê-lo[3]. Por quê? Porque a motivação é uma questão totalmente individual. Sua motivação está dentro de você e só você pode acessá-la por completo. Não importa o quanto meu questionamento seja perspicaz, ou o quanto a pesquisa que prepare seja complicada, não serei capaz de descobrir o que por fim o fará se mexer. Só uma pessoa sabe como acender verdadeiramente sua centelha interior: você.

A IMPORTÂNCIA DA RESTAURAÇÃO DA AUTONOMIA

Restaurar a autonomia de alguém é crucial para que o processo de influência instantânea funcione. Não importa se essa autonomia foi ameaçada por você ou por figuras autoritárias anteriores. Sua função é estabelecer, sem incertezas, que "ninguém é obrigado a fazer absolutamente nada". Mesmo que a alternativa seja altamente desagradável – perda de emprego, doença ou morte –, quase sempre temos uma escolha.

Ocasionalmente, você pode encontrar um gerente, um oficial de condicional, professor ou pai que rejam pelo uso da força. Se alguém sob supervisão não fizer o que eles querem, esses ditadores impõem punições imediatas e impiedosas. Berram, castigam, ameaçam; podem até recorrer à violência física. E, por um curto período, essa abordagem pode funcionar.

Porém, no longo prazo, sua força perde efeito. A criança se rebela ou se afasta. O aluno é reprovado ou abandona os estudos, ou passa a outra turma.

O preso em condicional volta para a cadeia. E o funcionário pede demissão, é transferido ou aprende a fazer a menor quantidade possível de trabalho para ir levando.

Se está tentando ajudar uma vítima desse tipo de tratamento – ou compensar o próprio tratamento anterior autoritário –, talvez precise passar um tempo extra reforçando a autonomia de seu influenciado. Uma vez, trabalhei com uma supervisora frustrada com um sujeito que havia sido transferido para seu departamento. Ele parecia um verdadeiro "trapalhão", para usar as palavras dela, "com certeza a pessoa mais preguiçosa e menos motivada" com quem já tinha trabalhado. Chegava atrasado, estourava todos os prazos, tirava duas horas de almoço e cometia dúzias de erros negligentes. Se quisesse um modelo para o retrato de um cara sem motivação, seria ele.

No entanto, quando verificou com seu departamento anterior, ficou admirada. Ele sempre tivera uma ficha perfeita, e seu supervisor anterior lhe dera uma avaliação positiva para tudo. Entre o departamento dele e o dela, o que havia acontecido de errado?

No fim das contas, o antigo supervisor era um ditador no escritório, e estressava tanto a vida dos funcionários que o índice de rotatividade do departamento era o maior da companhia. Nas mãos daquele supervisor, o funcionário de fato tinha um desempenho "perfeito", mas também pedira transferência tão logo obtivera permissão. Ainda traumatizado por aquele reino de terror, ele havia perdido toda a motivação para fazer bem seu trabalho.

Por meio da influência instantânea, a nova supervisora teve a chance de reforçar sua autonomia e captar sua motivação. O processo levou um pouquinho de tempo, mas ela acabou conseguindo alcançá-lo. O funcionário passou a ter um desempenho ainda superior do que tinha no antigo departamento, além de se tornar um de seus colegas mais leais e devotados. "Duvidei de você por um tempo", ela me escreveu em um dos e-mails, "mas fico contente que estivesse certo: nada se compara à motivação que vem de dentro".

Muitos dos gerentes, médicos e professores que treinei acham frustrante ter de restabelecer a autonomia de alguém. "Nunca obriguei aquele cara a fazer nada", talvez diga um gerente. "Por que tenho de gastar todo o meu tempo para fazer com que se sinta melhor?" "Sempre dou espaço aos meus alunos para que façam suas escolhas", talvez um professor se justifique. "Por que tenho de ficar provando que não sou como outros professores?"

Não importa. Mesmo que nunca tenha ameaçado a liberdade do influenciado, alguém por certo já o fez. Tampouco importa em que área a liberdade da pessoa foi ameaçada. O médico que disse que ele *tinha* de parar de fumar; a namorada que falou que ele *tinha* de se vestir melhor e a professora que comentou que ele *tinha* de fazer o dever de casa – todos tiveram seu peso no influenciado resistente. Sob o ponto de vista dele, as pessoas têm lhe dito o que fazer ao longo de toda a sua vida, e ele está farto disso. Agora você é apenas mais uma voz ameaçadora, e ele também vai descartá-lo. Você tem de recuperar sua autonomia para abrir o canal de comunicação. E, se houve diversas figuras autoritárias minando a autonomia dele, é preciso levar em conta o efeito cumulativo de todas essas ameaças e trabalhar para o efeito oposto.

Como recuperar a autonomia de alguém

Bem, e como se recupera a autonomia de alguém? Felizmente, é fácil.

1. Descubra a afirmação mais potente para reforçar a autonomia, algo que possa dizer honestamente. Se estiver lidando com um ente amado, um cliente, um parceiro de negócios, talvez possa enfatizar completa autonomia:

"Essa escolha é sua, não minha."

"É uma decisão totalmente sua."

"Você é livre para escolher o que quiser."

"Não posso fazer essa escolha – ela só cabe a você."

Se você for pai ou mãe, empregador, supervisor, ou alguém responsável por impor consequências, talvez precise verbalizar as coisas de forma ligeiramente diferente, deixando espaço para o fato de que a outra pessoa agirá sob certas restrições:

"O que você decide, a essa altura, cabe a você."

"Nesse momento, não estou interessado nos meus motivos, mas nos seus."

"Embora cada um tenha a própria reação, você é o único que pode tomar essa decisão."

"Só você pode resolver o que fazer. É claro que sua escolha terá consequências. Mas continua sendo uma escolha sua – e serão as consequências que você escolheu."

Alguns gerentes, pais e outras figuras de autoridade acham essa postura uma mudança e tanto em relação à abordagem habitual e, a princípio, ficam um pouco perdidos. Se desejar experimentar, mas se sentir ansioso, prepare, antes, uma ou duas afirmações de reforço à autonomia. Você logo descobrirá que reforçar a autonomia de alguém é algo natural.

2. Se uma situação for difícil ou injusta, pode dizer, mas sempre direcione a responsabilidade ao influenciado. O influenciado pode insistir que algo não é fácil ou consistente. Se você concordar, diga. Se não concordar, ao menos reconheça o ponto de vista do influenciado ("Compreendo que isso não lhe pareça justo"). Sempre respeite o direito que o influenciado tem de ver as coisas à sua maneira, e insista para que ele assuma a responsabilidade por seus atos.

Uma vez, trabalhei com uma gerente que tinha de impor uma regra à qual um funcionário se opunha. O funcionário havia registrado uma queixa, mas a questão ainda não estava resolvida. Lembrando-se do que havia lhe ensinado sobre afirmações de ênfase à autonomia, a supervisora disse:

– Compreendo que esteja lutando contra essa regra, e posso compreender por que parece injusta. Mas a regra ainda está no regulamento, e sua queixa ainda não foi analisada. Enquanto isso, qual é seu plano?

Perceba que, em vez de gritar com o funcionário quanto ao que fazer, ela reforçou sua autonomia, perguntando como pretendia proceder.

– Bem – tornou o empregado –, acho que não tenho de seguir uma regra se estou lutando contra ela.

Antes de aprender sobre influência instantânea, a supervisora teria se engajado numa luta de poder, insistindo que o empregado seguisse a regra. Em vez disso, ela respondeu:

– Compreendo seu ponto de vista e gostaria de ressaltar que você jamais terá de seguir esta, ou qualquer outra regra. Há sempre uma escolha. Mas qual seria o resultado para você, caso seguisse a regra, apenas no curto prazo?

O funcionário pensou por um minuto.

– Talvez tenha mais credibilidade na audiência se perceberem que estou seguindo a regra.

Ao ter permissão para escolher o que desejava fazer, o empregado se convenceu a seguir a regra, mesmo planejando lutar contra ela, e a supervisora evitou uma luta de poder, sendo que o bom relacionamento foi preservado.

– Se insistisse em que ele seguisse a regra, sei que teria empacado – ela me contou depois. – Porém, respeitando sua autonomia, deixei espaço para que tomasse uma decisão que funcionou para todos nós.

3. *Seja honesto quanto ao que você quer*. Ninguém gosta de ser manipulado. Uma forma de assegurar que não está manipulando as pessoas que tenta motivar é reconhecer sua intenção:

> "Gostaria de vê-lo chegar ao trabalho no horário. Francamente, o fato de chegar atrasado pelo menos duas vezes por semana no mês passado está fazendo com que nós dois tenhamos uma imagem péssima. Já falamos sobre isso, e sei que a conversa não foi positiva. Tentei insistir em que fizesse as coisas do meu jeito – e, claro, também tenho de responder ao meu supervisor –, mas, no fim, chegar ou não no horário cabe a você. Então, de fato, gostaria que me respondesse: *Por qual motivo você poderia querer chegar ao trabalho no horário nos próximos cinco dias? Qual seria o resultado disso para você?*"

As palavras em itálico são o Passo 1 do processo de influência instantânea (Por que você poderia querer mudar?), mas as frases que vêm antes são a preparação de reforço à autonomia. Perceba que nada do que disse o compromete a coisa alguma. Você não está concordando que o funcionário possa chegar à hora que quiser, nem está oferecendo protegê-lo da fúria de seu supervisor. Mas, ao deixar claro que essa é uma decisão dele, você obedeceu à lei da reatância psicológica, dando-lhe espaço para encontrar as próprias razões para começar a ser pontual.

4. *Discuta as consequências em outra conversa, ou ao final desta.* Seja lidando com um empregado, um ente querido, uma criança ou um estranho, talvez você ache frustrante focar tanta energia na autonomia da outra pessoa. "E quanto ao que quero?", você pode se perguntar. "Não posso deixá-lo chegar ao trabalho à hora que desejar!" "Será que não posso dizer nada? Ele é quem ditará todas as regras do relacionamento?" "Ele é apenas uma criança! Devo deixá-lo fazer tudo do seu jeito, sempre que quiser?"

Na verdade, você é livre para levar a cabo as consequências sob sua alçada. Dependendo das regras da empresa, você pode demitir, penalizar ou até disciplinar um empregado. Num relacionamento pessoal, pode expressar raiva, retrair-se emocionalmente ou até romper o relacionamento de vez. Você pode disciplinar seu filho.

Também pode ter a responsabilidade de alertar a pessoa de que haverá consequências. "Se suas notas continuarem nesse nível, talvez você não vá para a faculdade", um pai pode dizer.

Porém, o cerne da questão é que a outra pessoa ainda continua livre para escolher as próprias ações. Exceto em raras circunstâncias – quando você estiver mandando alguém a uma instituição de tratamento mental, por exemplo, ou declarando a incompetência de outra pessoa em ganhar uma guarda legal –, os adultos realmente são livres para tomar as próprias decisões, não importa o quanto pareçam autodestrutivas, perigosas ou apenas tolas. Mesmo nossos filhos, pelo bem ou pelo mal, têm ao menos certa liberdade de fazer o que querem; não podemos vigiá-los o tempo inteiro. É de nosso interesse não atrapalhar sempre que pudermos deixar que os outros encarem as consequências de suas ações. Quanto mais o fizerem, mais motivados estarão para escolher a responsabilidade.

Você pode apoiar esse processo vendo seu papel como o de quem ajuda alguém a tomar uma decisão estando o mais bem informado possível, em vez de deixá-lo escolher o que você quer que ele faça. Por isso sugiro guardar qualquer discussão sobre consequências para uma conversa específica. No entanto, mesmo assim, é melhor não lidar com a própria versão das consequências. Em lugar disso, faça uma das seguintes perguntas para conduzir alguém a imaginá-las por conta própria:

"Vamos conversar sobre isso. Se continuar a chegar atrasado ao trabalho, o que acha que vai acontecer?"

"Estou curioso. Com notas assim, o que acha que vai acontecer com seus planos para a faculdade?"

"Se continuar a fazer planos para nós dois, sem primeiro me perguntar, como acha que será nosso relacionamento?"

A esperança é que a pessoa com quem esteja falando reconheça as consequências dos próprios atos, e em seguida faça uma escolha genuína, em vez de tão somente seguir a lei da reatância psicológica. Mas uma escolha autêntica requer verdadeira autonomia.

Um dos campos mais interessantes da pesquisa psicológica envolve a motivação interior e exterior: o estudo de pessoas que fazem coisas por si mesmas *versus* as que fazem por alguma recompensa. Os resultados são estarrecedores: a motivação interior é muito mais poderosa. Na verdade, ocasionalmente, quando você passa a recompensar o comportamento já assumido pelas pessoas, elas passam a se comportar *menos* daquela maneira[4].

O psicólogo Edward L. Deci conduziu um estudo no qual se solicitou a vinte alunos de psicologia que participassem, por três dias, da resolução de um problema que envolvia um quebra-cabeça[5]. Teoricamente, o quebra-cabeça era uma motivação interior, pois suas peças podiam ser montadas de várias maneiras, permitindo que os alunos continuassem a encontrar novas soluções. E, de fato, todos os alunos disseram ter achado o quebra-cabeça divertido e interessante, alguns chegando até a optar por trabalhar nele durante o intervalo de oito minutos no meio da sessão.

No segundo dia, foi dada uma recompensa externa à metade dos alunos: foi pago um dólar a cada um deles por quatro soluções do quebra-cabeça que completassem, dentro de um tempo determinado; mesmo assim, tinham permissão para continuar buscando mais soluções não remuneradas. A outra metade dos alunos não recebeu dinheiro algum.

É provável que já tenha adivinhado o que aconteceu em seguida. No segundo dia, os alunos remunerados escolheram passar menos tempo livre trabalhando no quebra-cabeça do que haviam passado no primeiro dia. Mesmo no terceiro dia, quando os alunos já não estavam mais sendo pagos, jamais regressaram ao nível original de atividade. Enquanto isso, os alunos que nunca tinham sido pagos passavam cada vez mais tempo livre com o quebra-cabeça.

Outro tanto de pesquisa profissional já chegou a conclusões semelhantes. Por exemplo, muitos estudos descobriram que bônus não promovem, necessariamente, um desempenho mais dedicado. Em vez disso, parecem motivar comportamentos antiéticos: atalhos, trapaças e outras maneiras de chegar ao bônus que não envolvem a realização de um bom trabalho[6].

Não estou dizendo que não haja circunstâncias em que uma recompensa externa não seja útil – com certeza, há muitas. Mas é bastante importante manter um firme equilíbrio em favor das recompensas internas: a satisfação que vem de fazer bem o seu trabalho pelos próprios motivos. Um estudo após outro confirma que a motivação interior realmente é a forma mais garantida de assegurar um bom desempenho.

Teste suas habilidades de influência instantânea: esforço de autonomia

Você consegue apontar a diferença entre afirmações que verdadeiramente promovem autonomia das que só parecem fazê-lo? Marque na lista as alternativas que reforçam a autonomia. Depois, continue lendo para descobrir como você se saiu.

- ❑ Acho uma boa ideia, mas essa é minha opinião.
- ❑ Achei que você fosse cuidar disso.
- ❑ Achei que realmente quisesse isso.
- ❑ Você terá de tomar uma decisão.
- ❑ Cabe a você fazer o que é preciso.
- ❑ Você me disse o quanto quer isso.
- ❑ Somente um tolo faria algo assim.
- ❑ Há prós e contras em ambas as escolhas; só você pode decidir o que será benéfico a você.
- ❑ Alguém de fato preocupado com a saúde faria isso.
- ❑ A única forma de se organizar é [completar com sua recomendação].
- ❑ Não vejo nenhuma outra maneira de fazê-lo.
- ❑ Às vezes, você tem de se conformar e fazer.
- ❑ Podemos não gostar da regra, mas temos de segui-la mesmo assim.
- ❑ Não consigo entender por que está hesitando – faça antes uma tentativa.
- ❑ Nem queira saber o que vai acontecer se não o fizer.
- ❑ Você sabe que pode fazer melhor.
- ❑ É preciso colocar seu coração nisso.
- ❑ Você deveria saber melhor que qualquer um.
- ❑ Cabe a você decidir o que quer e a forma como consegui-lo.
- ❑ Você precisa ao menos tentar.
- ❑ Não é o que espero de alguém como você.
- ❑ Tenho certeza de que, se tentasse, poderia fazer melhor.
- ❑ Sei que tentou com muito afinco, mas preciso que tente um pouco mais.
- ❑ Você sabe que não se esforçou ao máximo.
- ❑ Sei o que *eu* gostaria de fazer.
- ❑ Você tem responsabilidade com essa equipe.

- ❑ Você, mais que qualquer um, tinha de apoiar isso.
- ❑ Cabe a você fazer o que tem de ser feito.
- ❑ Você vai realmente se sentir mal se não conseguir fazer isso acontecer.
- ❑ Se coubesse apenas a mim, isso é o que gostaria de ver acontecer.
- ❑ Pense na repercussão do que está fazendo.
- ❑ Fico tão feliz e orgulhoso que tenha mudado.
- ❑ Você decide; pode fazer do jeito que quiser.
- ❑ Sabia que você ia acabar vendo as coisas do meu jeito.
- ❑ Estava de fato preocupado em não ser um motivador eficaz.
- ❑ Sabia que nossa última conversa o faria entender.
- ❑ Você não precisa fazer isso, mas, por favor, pense em como suas ações estão afetando o restante de nós.

Dica

Há apenas seis afirmações de reforço à autonomia nessa lista. Grande parte do restante soa como se fosse um apoio à autonomia, mas não é. Quantas afirmações você escolheu? Dê outra olhada para ver se consegue identificar as afirmações de reforço à autonomia.

Afirmações de reforço à autonomia

Acho uma boa ideia, mas essa é minha opinião. Afirmar sua opinião e reconhecer que é apenas a sua opinião dá à outra pessoa a liberdade de ter opinião própria.

Há prós e contras em ambas as escolhas; só você pode decidir o que será benéfico a você. Essa afirmação foca tanto no direito que a outra pessoa tem de tomar uma decisão quanto na ideia de que a decisão está por conta dela.

Cabe a você decidir o que quer e a forma como consegui-lo. Perceba que essa afirmação enfoca o que a outra pessoa quer, e não o que precisa ou deve fazer.

Sei o que eu gostaria de fazer. Essa é outra forma de dizer que você, de fato, tem uma opinião. Mas também está reconhecendo que essa opinião é preferência sua, e não *necessariamente* da outra pessoa.

Se coubesse apenas a mim, isso é o que gostaria de ver acontecer. Novamente, afirmar sua opinião enquanto reconhece ser apenas a sua opinião dá à outra pessoa espaço para decidir. É fácil prosseguir a essa afirmação com mais reforço à autonomia da outra pessoa: "Mas não cabe a mim. É *sua* decisão".

Você decide; pode fazer do jeito que quiser. É evidente que você só pode fazer essa afirmação se for verdadeira. Mas, se a outra pessoa está realmente livre para escolher o próprio modo de fazer algo, essa é uma maneira maravilhosa de se retirar da situação e deixar a responsabilidade por conta dela.

Afirmações que minam a autonomia

Antes de ler esta lista, releia o questionário para ver se você consegue explicar o que há de errado com cada afirmação despotencializadora de autonomia. Depois, leia a seguir as reações que podem provocar no ouvinte resistente.

Achei que você fosse cuidar disso. "Nossa, você não está me dando muita escolha. Não importa o que decida ou escolha, preciso *cuidar disso*."

Achei que realmente quisesse isso. "Isso me faz sentir encurralado." "Você está me dizendo o que quero em vez de me deixar expressar meus desejos."

Você terá de tomar uma decisão. "Está me dizendo o que *tenho* de fazer. Isso não me deixa muita autonomia."

Cabe a você fazer o que é preciso. "Está me dizendo o que *preciso* fazer. Isso não me dá muita autonomia."

Você me disse o quanto quer isso. "Está usando minhas palavras contra mim, e não me perguntando o que quero."

Somente um tolo faria algo assim. "Pode ser verdade, mas é uma afirmação altamente ameaçadora. Você não me deixa escolha, exceto concordar com você. E, se não tenho escolha, me dá vontade de me rebelar, me afastar ou, na melhor das hipóteses, falar da boca para fora. Não sinto vontade de ser responsável, nem de colaborar, tampouco de ser produtivo."

Alguém de fato preocupado com a saúde faria isso. Idem.

A única forma de se organizar é [completar com sua recomendação]. Idem.

Não vejo nenhuma outra maneira de fazê-lo. Idem.

Às vezes, você tem de se conformar e fazer. Idem.

Podemos não gostar da regra, mas temos de segui-la mesmo assim. "Você está me dizendo o que 'tenho' que fazer. Isso mina minha autonomia."

Não consigo entender por que você está hesitando – faça antes uma tentativa. "Não consigo ter muita autonomia com você me dando uma ordem. Uma pergunta seria bem melhor: 'Por que não tenta?', ou 'Qual seria o benefício se você tentasse?'."

Nem queira saber o que vai acontecer se não o fizer. "É a própria ameaça em pessoa."

Você sabe que pode fazer melhor. "Talvez eu saiba disso, talvez não, mas ainda não me foi permitido tomar minha decisão."

É preciso colocar seu coração nisso. "Vir me dizer que *é preciso* fazer algo tem mais probabilidade de me desencorajar do que de me ajudar a *colocar meu coração nisso.*"

Você deveria saber melhor que qualquer um. "Isso não me dá espaço algum para discordar."

Você precisa ao menos tentar. "Novamente, uma pergunta apoiaria muito mais minha autonomia do que me dizer que 'preciso' fazer algo: 'O que poderia acontecer se tentasse?'."

Não é o que espero de alguém como você. "Pode me deixar um pouco envergonhado, mas não apoia minha autonomia. A questão não é o que você espera de mim, mas o que *eu* espero de mim."

Tenho certeza de que, se tentasse, poderia fazer melhor. "Talvez eu possa, mas eu quero? Você não me perguntou o que quero, portanto, não está apoiando minha autonomia."

Sei que tentou com muito afinco, mas preciso que tente um pouco mais. "Então, agora estamos falando do que você precisa? E quanto ao que eu preciso?"

Você sabe que não se esforçou ao máximo. "Você não está me perguntando o que eu acho ou sei; está apenas me dizendo. Como sabe o que eu sei? Como você sabe o que é o 'máximo'?"

Você tem responsabilidade com essa equipe. "Pode ser, mas não promove minha autonomia me dizer isso. Talvez você queira dizer: 'Que tipo de relacionamento você quer com essa equipe?' 'Em meu ponto de vista, você tem responsabilidade com essa equipe, mas talvez não veja assim. Qual é a sua ideia a respeito de você e sua equipe?'"

Você, mais que qualquer um, tinha de apoiar isso. "Você não está me perguntando o que acho; está me dizendo o que devo achar. Agora me dá vontade de discordar, mesmo que no fundo eu concorde."

Cabe a você fazer o que tem de ser feito. "Mas você está dizendo o que *tem de ser feito*, o que não me dá muita autonomia."

Você vai realmente se sentir mal se não conseguir fazer isso acontecer. "Agora você está me dizendo o que quero e como vou me sentir a respeito. Não há muita autonomia nisso tudo."

Pense na repercussão do que está fazendo. "Outro comando. Que tal colocar essa mesma ideia na forma de pergunta: 'Como acha que seu comportamento vai afetar o restante da equipe?', ou, ainda melhor: 'Como gostaria que seu comportamento afetasse o restante da equipe? Que tipo de repercussão gostaria de causar?'"

Fico tão feliz e orgulhoso que tenha mudado. "Ah, então toda minha mudança foi para fazer *você* feliz? Achei que estivéssemos falando de mim e de minha autonomia, não de você e seus sentimentos."

Sabia que você ia acabar vendo as coisas do meu jeito. "Mas prefiro pensar que estou vendo do meu jeito. Agora não tenho certeza se tenho autonomia de fato ou se estou apenas me submetendo a você."

Estava de fato preocupado em não ser um motivador eficaz. "Mas trata-se de você e de suas habilidades como motivador? Achei que fosse sobre *mim* e o que eu quisesse fazer."

Sabia que nossa última conversa o faria entender. "Mas prefiro pensar que tomei minha própria decisão. Agora você está me dizendo que 'me fez entender'. Tenho autonomia ou estou apenas seguindo ordens?"

Você não precisa fazer isso, mas, por favor, pense em como suas ações estão afetando o restante de nós. "Você está novamente me dando um comando. Em vez de me dizer o que acha, por que não me faz uma pergunta? 'De que forma gostaria de afetar o restante de nós? Que efeito gostaria que suas ações tivessem?' Isso realmente reforçaria minha autonomia!"

E SE NÃO QUISEREM FAZER O QUE VOCÊ ESTÁ PEDINDO?

Não é de admirar que essa seja a pergunta feita por todos. Como vimos no Capítulo 1, muitos de nós passaram anos tentando motivar pessoas, fazendo com que ensaiassem motivos para não fazer algo, elaborando perguntas como: "Por que você não quer?", "O que o impede?", "Por que acha que está tendo tanta dificuldade?" Em outras palavras, tivemos muita experiência em achar que as pessoas de fato não queriam fazer o que acreditávamos ser bom para elas.

Mas os estudos indicam que focar na resistência só torna as pessoas mais resistentes, ao passo que reforçar a autonomia e focar na motivação provavelmente terá resultados positivos. Pesquisas mostram, por exemplo, que as pessoas estariam mais inclinadas a assumir um comportamento saudável – alimentação saudável, exercícios, medicações prescritas – se ouvissem sobre os benefícios de fazê-lo, em lugar do lado negativo de *não* fazê-lo. Isso é conhecido como *projeção de ganho* ou *projeção de mensagem positiva*[7].

Projeção de ganho é eficaz por conta dos fatos comuns que os cientistas sociais estão sempre redescobrindo: as pessoas não querem fazer as coisas que acham difíceis. Mudar o comportamento, seja sob qual aspecto for – perder peso, cumprir um prazo ou qualquer outra razão –, soa difícil. E, se perguntar às pessoas por que não estão fazendo algo, começa a soar ainda mais difícil.

Que abordagem *poderia* trazer a influência à tona? Desviar a conversa do que é difícil para o lado potencialmente positivo: "O que pode ser bom para você nesse comportamento?", "Por que você poderia desejar fazê-lo?", "Se os obstáculos desaparecessem como por mágica, por que isso seria algo que você poderia escolher?".

Segundo minha experiência, a maioria está acostumada a projetar as coisas de maneira negativa, por isso é preciso um pouquinho de prática para apresentar as coisas de forma diferente. Mas pense a respeito. Por que você poderia querer dedicar algum empenho a esse tipo de projeção? Que benefícios lhe traria?

COMEÇANDO

Uma vez que meus *trainees* compreendem o poder que vem do fato de reforçar a autonomia de alguém, em geral ficam ávidos para começar, mas podem se sentir um tanto perdidos quanto à maneira de fazê-lo. Se você também está pensando em como proceder, leia as sugestões que virão a seguir e escolha as que mais gostar. Depois pratique com um amigo até se sentir à vontade.

Reforço direto de autonomia

Há muitas formas de reforçar a autonomia de alguém. Eis aqui algumas afirmações que podem ser usadas como estão ou colocadas em suas palavras.

- Falemos a realidade. As coisas não têm andado muito bem entre nós. Conversamos sobre frequência, prazos, seja o que for, e não chegamos a lugar algum. Não estou dizendo que é você; não estou dizendo que sou eu. Vamos tentar algo diferente.
- Quero que todos ganhem com isso aqui.
- Por mais difícil que seja acreditar, meu objetivo pessoal é que todos saiam ganhando com essa situação.
- Sei que gerentes anteriores lidaram com as coisas de modo diferente [ou: Sei que no passado lidei com as coisas de modo diferente]. Mas não

vou tentar convencê-lo a desistir [de determinada questão]. E não quero falar sobre o quanto [determinada questão] pode fazer por nós dois.

- Sei que já me procurou várias vezes, dizendo que esse não é um bom procedimento no escritório.
- Sei que já entramos em conflito por isso.
- Sei que fazer as coisas desse novo jeito tem sido duro para você.
- Sei que isso cabe totalmente a você.
- Sei que já houve tensão entre nós a respeito desse assunto.
- Sei que você provavelmente não quer falar a respeito disso, e também é difícil para mim.
- Sei que as coisas ficaram tensas antes, porém, hoje o meu objetivo é abordar a questão de maneira diferente, ter uma conversa diferente...

Pedindo permissão para utilizar a influência instantânea

Você também pode mostrar seu comprometimento com a autonomia de outra pessoa pedindo permissão para usar a influência instantânea ou, pelo menos, reconhecendo que a está usando. Mencione o nome *influência instantânea*, ou pergunte se pode iniciar um processo que acredita ser útil. Meus *trainees* sempre me perguntam: "E se eu pedir permissão e me disserem não?" Juro a você: as pessoas quase nunca dizem não, em particular se tiver acabado de lhes reforçar a autonomia e estiver pedindo sinceramente permissão para uma conversa mais produtiva. Se receber uma das raras respostas negativas, pergunte se pode levantar o assunto em um momento mais oportuno; depois de um tempo, faça isso. Se não der certo, leia o Capítulo 10 para aprender como aceitar a situação.

- Gostaria de sua permissão para uma nova abordagem. Teria problema se eu lhe fizesse algumas perguntas?

- Vamos conversar sobre as coisas de modo diferente.
- Se pudesse lhe fazer algumas perguntas que, segundo acredito, poderiam realmente ajudá-lo, você gostaria de ouvi-las?
- Sei que vai soar estranho, mas não estou tentando tirar vantagem sobre você.
- Esclarecer, antecipadamente, o que cada um de nós quer tirar dessa situação seria muito bom.
- Vou tentar algo que aprendi num livro. Não estou tentando fazer de você uma cobaia, mas acho que de fato vai ajudar. A princípio, pode soar estranho, mas tente comigo.

DICAS PARA TRANSMITIR SUA MENSAGEM

- *Não há problema se não estiver alegre ou otimista quando falar com alguém. Você pode se sentir indiferente, triste, frustrado, cansado ou até indignado – assim como o influenciado.* Apenas porque todos já têm motivação suficiente não significa que precisam estar contentes. Alguns de meus maiores avanços aconteceram enquanto me sentia zangado, desanimado ou frustrado, ou comigo mesmo, ou com alguém que deveria motivar. Reconhecer a dissonância cognitiva – a distância entre o que dizemos sobre nós mesmos e o que de fato *fazemos* – não raro provoca frustração ou irritação. Ainda assim, esses são sentimentos construtivos que podem nos incentivar à mudança.
- *Se você sente uma emoção negativa, ou se enxerga essa emoção em outra pessoa, considere reconhecê-la.* "Sei que nem sempre nos demos bem", talvez você possa dizer a um funcionário teimoso. "Não o culpo por se sentir frustrado com essa situação – também estou frustrado." Se estiver tentando usar a influência instantânea para persuadir um supervisor a deixá-lo investir em um novo projeto e ele expressar irritação, você

pode dizer: "Sei que você tem muito trabalho a fazer, e não está muito contente comigo neste momento, mas estaria disposto a me ouvir mesmo assim?" Ou talvez: "Você estaria disponível para discutir o assunto em outra ocasião?"

- *Se for apropriado, espelhe a objeção ou reclamação da outra pessoa.* "Entendo por que você detesta entregar esses relatórios toda sexta-feira – também detesto minha papelada", "Se estivesse em sua posição, eu me sentiria exatamente assim", "Não o culpo – isso também me incomoda". Você pode espelhar – ou seja, repetir ou refletir – uma preocupação, mesmo que não concorde com ela, apenas para mostrar que ouviu e entendeu. Ao ouvir com atenção – outro nome para espelhar ou refletir –, você aumenta a probabilidade de a outra pessoa ouvir também.

RESPIRE FUNDO E CONTE ATÉ CINCO

Você conseguiu que seu empregado, chefe, colega ou ente amado concordasse com a conversa. Fez sua afirmação de ênfase à autonomia e pediu permissão para usar a influência instantânea. Agora vem a parte difícil: faça uma *pausa*.

Isso mesmo. Faça uma pausa. Quero que conte em silêncio: "Um, dois, três..." É difícil, porque você vai querer romper o silêncio se a outra pessoa ainda não tiver falado, mas continue respirando e contando: "... quatro, cinco".

Certo: se o outro não disse nada até a contagem de cinco segundos, você pode começar o processo de influência instantânea. Mas é extremamente útil dar à pessoa com quem está falando esse período desconfortável de silêncio, porque ela pode desejar expressar os próprios sentimentos. E, já que o objetivo da influência instantânea é permitir que ela entre em contato com seus motivos para fazer o que você pode querer que ela faça, você vai desejar que ela seja parte ativa da conversa desde o início.

Se, durante aquela pausa de cinco segundos, você sentir que a outra pessoa quer falar, mas precisa de incentivo, pode dizer algo neutro como "Tenho pensando muito nisso", ou "Tenho certeza de que podemos resolver o assunto entre nós".

E se a outra pessoa tiver uma reação arrogante? "Sim, por aqui tem sido bem difícil *mesmo*", uma funcionária pode comentar. "Isso porque você está sempre dando o que é bom para Carla, e eu só fico com as sobras. E, quando reclamo a respeito, você nunca me ouve!" A essa altura, seu objetivo é fazer ecoar a opinião dela, sem estar necessariamente de acordo ou feliz em ouvi-la – lembre-se, você não precisa estar alegre. E, se estiver zangado ou desanimado, não há problema em dizê-lo. Seu principal objetivo é estabelecer uma atmosfera na qual tenha permissão de usar os seis passos. Eis a seguir prováveis respostas, todas conduzindo diretamente ao Passo 1 da influência instantânea: Por que você poderia mudar? Sinta-se à vontade para colocar o Passo 1 nas próprias palavras (aqui indicadas por frases em itálico).

- Sim, estou ouvindo. A situação foi longe demais. Gostaria de fazer algo diferente, se pudéssemos. *Como você poderia se beneficiar do procedimento sobre o qual estamos falando?*
- Temos dois lados aqui. Até agora, tenho sido o único a falar do outro lado. Estou tentando descobrir como você poderia se beneficiar desse outro lado. *Então, se for o caso, o que você poderia obter ao fazer as coisas dessa outra maneira?*
- Olhamos, principalmente, o lado negativo de fazer as coisas do modo atual. E respeito que essa seja sua opinião. Não vou tentar convencê-la a mudar isso. Mas sinto que não demos uma chance justa ao outro lado da discussão. *Portanto, de que forma seria útil – não para mim, mas para você – se fizéssemos as coisas de outro modo?*

Se você deparar com mais objeções, continue a respondê-las com afirmações que reforcem a autonomia da outra pessoa. Por exemplo, se seu funcionário (amigo ou adolescente) disser: "Percebo o que está fazendo. Está tentando me convencer", eis aqui algumas prováveis respostas:

- Não; apenas se houver algo verdadeiramente benéfico para você. Mas, como nunca conversamos a respeito, como podemos saber?
- Sei que nossa situação não tem caminhado bem, e ouvi suas objeções. O fato é que não posso obrigá-lo a fazer isso; não gostaria de obrigá-lo a fazê-lo; e você, absolutamente, não tem de fazê-lo. Mas, se fizesse, como poderia se beneficiar?
- De certa forma, você está certo – gostaria de levar essa conversa adiante –, mas só se decidir que realmente quer.

COLOQUE A RESPONSABILIDADE NO DEVIDO LUGAR

Seu principal objetivo é ver resultados melhores: no trabalho, em casa, com você mesmo. Mas quando você usa esse processo com outras pessoas, principalmente no trabalho, há considerável benefício adicional: a sensação de que todos assumem a responsabilidade pelo próprio comportamento. Com frequência, quando estamos supervisionando outras pessoas, ou mesmo quando estamos emocionalmente envolvidos com elas, sentimos que o peso do mundo está em nossos ombros e que a forma como se comportam depende de nós por completo. Que alívio é dizer: "Não, a forma como você se comporta na verdade depende de você".

Como explicou um dos meus *trainees*:

– É um alívio e tanto que eu não tenha mais todas as respostas. De certa maneira, realmente não me importo se eles mudam ou não. Cada um é responsável por seu emprego e eu sou responsável pelo meu, e é assim que deve ser!

Um último lembrete: embora não importe o clima ou o estado emocional, desde que pareça natural e apropriado à situação, o que *não* dará certo é se você estiver mais empenhado em ganhar do que em arranjar a melhor solução possível. O desejo de triunfar numa disputa de poder é algo familiar a todos os que lidam com autoridade. Sendo você um chefe que confronta um funcionário zangado, um terapeuta que trata um paciente resistente, um pai que discute com um adolescente teimoso, às vezes só quer que a outra pessoa diga: "Você está certo. Eu estou errado, e farei exatamente o que você diz". E, na verdade, em alguns momentos, isso pode acontecer.

Porém, em geral, com a influência instantânea, a outra pessoa sai com nova motivação para realizar algo produtivo, algo de que você vai se beneficiar, embora ela não lhe dará necessariamente crédito por isso, nem reconhecerá seu ponto de vista. De fato, se o processo estiver correndo bem, qualquer decisão que a pessoa tomar vai parecer ideia dela, não sua. *Ela* subitamente vai querer chegar cedo; *ela* subitamente vai querer entregar a papelada no prazo; *ela* subitamente vai querer fazer o dever de casa antes do início do programa na TV – motivada pelas próprias razões. Ela pode até criticá-lo por não tê-la ouvido antes, ou por guardar para si essa ótima nova solução que acaba de descobrir: "Nossa, acabei de descobrir que, se fizer meu dever de casa assim que chegar da escola, terei mais tempo de assistir a TV mais tarde. Se você é tão esperto, por que nunca me disse isso?"

Da mesma maneira, às vezes, as pessoas fazem até mais do que se propuseram a fazer, apenas para deixar claro que estão no comando. Incontáveis vezes ouvi falar sobre empregados que entregaram relatórios antes da data programada, chegaram ainda mais cedo do que o esperado ou ajustaram seu comportamento de modo peculiar, superando os padrões, em vez de ficarem abaixo, como faziam antes. Vi meus pacientes se comprometerem em manter um programa de perda de peso por uma semana e depois, triunfantes – quase com arrogância –, anunciarem que "alimentaram-se perfeitamente" por um mês inteiro. Meus filhos também são conhecidos por terminarem o dever de casa cedo, ou arrumarem o quarto antes de lhes ser solicitado, e depois jogam isso na minha cara, dizendo que são muito mais responsáveis do que considero.

Quando essas coisas acontecem, apenas sorrio, e não digo nada. Mas, em minha mente, estou silenciosamente agradecendo pelo poder da autonomia.

Capítulo Três

OS SEIS PASSOS PARA A INFLUÊNCIA INSTANTÂNEA

Quando Roger assumiu a função de vice-presidente de recursos humanos numa empresa de médio porte, herdou o total descontentamento do escritório e dos funcionários desmoralizados. O vice-presidente anterior havia sido um ditador que, a princípio, parecia utilizar um método eficaz, mas o nível de faltas, índice de transferências e avaliações negativas dos funcionários em todo o departamento alertaram a diretoria de que havia um problema. Roger estava ávido por assumir esse novo desafio, mas sentia-se consideravelmente ansioso.

Ele havia participado de uma de minhas sessões de treinamento, enquanto trabalhava na companhia anterior, e pudera observar, com os próprios olhos, o quanto a influência instantânea podia ser eficaz. Reuniu então o novo departamento para uma breve explanação, na qual fez várias afirmações de reforço à autonomia:

- "A forma como as coisas prosseguirão por aqui está totalmente por conta de vocês."
- "Vou apresentar novos procedimentos, com os quais estou bastante empolgado, mas vocês é que vão utilizá-los; portanto, conto em ouvir o parecer de vocês."
- "Sei que no passado as coisas nem sempre caminharam bem, mas torço para que agora seja diferente. O quanto estão dispostos a experimentar essa nova abordagem, por algumas semanas, para depois nos reunirmos e me dizerem como vão indo?"

Depois de preparar o caminho, Roger passou a convidar os membros de seu departamento para reuniões individuais no escritório. Teve uma conversa de influência instantânea com cada funcionário, focando no que havia identificado como seu maior problema. Roger perguntou a alguns por que poderiam desejar entregar os relatórios semanais dentro do prazo. A outros, indagou o que poderiam lucrar ao participar de reuniões quinzenais para falar sobre o funcionamento do departamento. Chegou mesmo a perguntar a alguns empregados como poderiam se beneficiar se chegassem ao trabalho no horário e perdessem menos dias de trabalho.

"No início, foi duro com alguns deles", Roger me escreveu em um e-mail no fim do primeiro mês. "A essa altura, acho que já estão todos a bordo. As faltas diminuíram, os relatórios estão sendo feitos e as reuniões quinzenais são realmente produtivas; dá para sentir a diferença no escritório todo. É realmente ótima a forma como o processo é contagioso. Tentei focar apenas em um assunto por funcionário, mas percebi que o desempenho de quase todos melhorou. Alguém com quem falei sobre os relatórios também está sendo pontual; outro que costumava ficar doente o tempo todo começou a entregar os relatórios semanais. Acho que as pessoas enfim entenderam a mensagem sobre a autonomia que têm sobre o que fazem. Melhor ainda, acredito que estão redescobrindo o motivo por terem entrado em RH. Sei que soa idealista, mas acho que estão, de fato, se sentindo bem por ajudarem os outros."

Fiquei satisfeito em receber o e-mail de Roger, porque me lembrou do motivo por eu também ter entrado nessa linha de trabalho. Usar os seis passos de influência instantânea de fato inspira as pessoas a fazerem o melhor.

Um olhar rápido na influência instantânea

Passo 1: Por que você poderia mudar? (Ou, para influenciar a si mesmo, por que eu poderia mudar?)

Passo 2: O quanto você está disposto a mudar (numa escala de 1 a 10, em que 1 significa "nem um pingo de disposição" e 10, "totalmente disposto")?

Passo 3: Por que não escolheu um número menor? (Ou, se o influenciado escolheu 1, refaça a segunda pergunta, desta vez sobre um passo ou mudança menor, ou pergunte o que seria preciso para que esse 1 se transformasse em um 2.)

Passo 4: Imagine que você tenha mudado. Quais seriam os resultados positivos?

Passo 5: Por que esses resultados são importantes para você?

Passo 6: Qual é o próximo passo, se é que há mais algum?

HISTÓRIA DE SUCESSO: UM COMPROMISSO DE CAMPANHA

Toda vez que dou um *workshop* sobre influência instantânea, em um ambiente profissional, meus *trainees* ficam empolgados por duas razões. Ficam na expectativa de aplicar essa abordagem na vida profissional, mas também ansiosos para levá-la para casa.

Tracey e Keith, com trinta e poucos anos, já namoram há aproximadamente um ano e, recentemente, passaram a morar juntos. Conheci Keith num *workshop* que estava dando na Bristol-Myers Squibb, onde ele era gerente intermediário. Ele ficou tão empolgado com meu método que decidiu experimentá-lo com a namorada.

Keith era um grande entusiasta de acampamentos e sempre adorou estar em contato com a natureza. Tracey detestava a ideia de ficar em qualquer lugar sem água encanada e uma cama confortável. Keith acreditava que ela adoraria acampar se experimentasse, mas nunca tinha conseguido persuadi-la a acompanhá-lo.

O casal parecia ter chegado a um impasse. Mas veja o que aconteceu quando Keith usou a influência instantânea.

KEITH: Gostaria de lhe falar sobre algo. Sei que nunca gostou da ideia de acampar. E, obviamente, não posso obrigá-la a vir comigo. Sei que no passado tentei fazer isso, e lamento. Entendo que a decisão é sua. *[Keith começa reconhecendo a resistência de Tracey e reforçando sua autonomia, além de enfatizar que qualquer coisa que faça é decisão dela, e não dele. Esse ponto é crucial. Tracey jamais conseguirá examinar os próprios motivos para acampar se sentir que está apenas se submetendo ao desejo de Keith.]*

TRACEY: Certo... *[Compreensivelmente, ela se encontra cética. Eles já tiveram essa briga uma dúzia de vezes e ela não acredita que Keith esteja, de fato, recuando e deixando que ela escolha.]*

KEITH: Se eu prometer não lhe dizer o que fazer, posso apenas lhe perguntar algumas coisas? Podemos parar a qualquer momento que queira, mas realmente ficaria grato. *[Para reforçar a autonomia de Tracey, Keith pede permissão para usar a influência instantânea.]*

TRACEY: Vá em frente. *[Se Tracey não tivesse dado permissão, Keith teria poucas opções, o que explicarei mais adiante, ainda neste capítulo. Tracey deu permissão, portanto, ele pôde prosseguir.]*

KEITH: Se você algum dia fosse acampar comigo – não estou dizendo que você o fará, apenas propondo *se* você fosse –, qual poderia ser a razão para fazê-lo? *[Passo 1: Por que você poderia mudar?]*

TRACEY: Não sei. Para deixá-lo feliz? *[Tracey ainda considera acampar algo que Keith queira, não algo que ela deseje. Mas perceba que ela não está explicando por que não quer mudar. Ao menos, começou a falar por que* poderia *mudar.* O poder *é crucial, porque lhe dá uma saída que, em contrapartida, a deixará menos na defensiva. Ao baixar a guarda, ela abre espaço para que Keith a influencie.]*

KEITH: Certo. Bem, numa escala de 1 a 10, em que 10 é "eu adoraria!" e 1 é "não quero nem um pouco", o quanto acha que pode estar disposta a acampar comigo mês que vem? *[Passo 2: O quanto você está disposto a mudar (numa escala de 1 a 10, em que 1 significa "nem um pingo de disposição" e 10, "totalmente disposto")?]*

TRACEY: Numa escala de 1 a 10? Não sei... talvez 2. *[Tracey está sendo honesta sobre o quanto ela não quer fazer o que Keith está pedindo. Mas perceba que Keith não pergunta a ela: "Você está disposta a acampar comigo?". Se o tivesse feito, Tracey simplesmente diria não. Em vez disso, Keith fez a pergunta de modo a permitir a Tracey identificar ao menos uma disposição mínima de fazer o que ele desejava.]*

KEITH: Certo, 2, entendi. Posso perguntar outra coisa? Por que não escolheu um número menor? *[Passo 3: Por que não escolheu um número menor? Tracey espera que Keith pergunte por que ela não está mais dis-*

posta a fazer o que ele quer. Em vez disso, ele lhe pergunta por que não está menos disposta.]

TRACEY: Por que não escolhi um número menor? Eu escolhi 2 – é um número bem baixo!

KEITH: Sim, mas não escolheu 1. Poderia ter dito que *jamais* estaria disposta a ir comigo. É bem legal que esteja pelo menos um pouquinho disposta a ir. Então, estou me perguntando por que não escolheu um número menor. *[Às vezes, você precisa se manter em um passo, encontrando novas formas de verbalizá-lo, ou apenas repeti-lo. Tente ficar o mais calmo e neutro possível. Lembre-se, seu objetivo não é persuadir a outra pessoa a fazer algo ou frisar em que ela está errada. Você quer deixá-la descobrir os próprios motivos para fazer algo.]*

TRACEY: Não sei. Quero dizer, não detesto a ideia de fazer algo que você goste com você. Não que tenha de ser sempre do meu jeito. É que não gosto de não poder lavar as mãos. *[Note que agora Tracey está começando a pensar em acampar. No entanto, ainda fala em termos do que Keith quer. O objetivo de Keith é fazer com que ela fale em termos do que* ela *quer.]*

KEITH: Sei que está sempre tentando me fazer feliz, meu bem, e sabe que aprecio isso. Mas tire um minuto para refletir. Se fosse comigo – se resolvesse que era seu desejo ir –, o que poderia ser bom ao fazer isso... para você? Quero dizer, como imagina que seria? *[Passo 4: Imagine que você tenha mudado. Quais seriam os resultados positivos?]*

TRACEY: Bem, você sempre fala o quanto adora ir àquele lugar, perto do lago, caminhar de manhã e fazer café na fogueira. Seria legal ter você fazendo café pra mim, pra variar um pouco! E não ter nada para fazer, exceto ficar juntos, também seria bem legal.

KEITH: Se decidisse vir – não por obrigação, mas se de fato quisesse –, decididamente faria café pra você! Também cozinharia pra você durante o fim de semana inteiro. Então: por que não ter nada para fazer, além de dormir até tarde, tendo café e uma comida maravilhosa à disposição, num lugar que realmente aprecio – por que isso seria importante para você? *[Passo 5: Por que esses resultados são importantes para você? Essa pergunta, às vezes, leva um pouquinho mais de tempo do que as outras. Em geral, é preciso continuar pressionando, até que a outra pessoa chegue a algo que verdadeiramente pareça pessoal.]*

TRACEY: Olhe, se você realmente quer ir acampar, acho que posso tentar.

KEITH: Meu bem, é muito legal que esteja disposta a experimentar algo de que gosto. Mas estou perguntando sobre o que você quer. Imagine nós dois nessa viagem de acampamento, passeando e olhando as estrelas, comendo toda aquela comida boa que vou fazer pra você. Por que seria algo que você desejaria?

TRACEY: Por que seria algo que eu desejaria?

KEITH: É. Se quisesse acampar comigo, por que todas essas coisas que você mencionou – eu fazendo café, não ter nada pra fazer além de ficarmos juntos – seriam algo *bom*? *Se* você quisesse fazer isso?

TRACEY: Acho que seria importante para mim, porque enfim teria uma chance de passar um tempo com você. Temos andado tão ocupados, que ultimamente não temos tido tempo algum para simplesmente não fazer nada, muito menos olharmos as estrelas. Então, se o único jeito de termos esse tempo calmo é acampando, eu aceito. Mas não por tempo demais! Sabe, agora há uma porção de equipamentos sofisticados de *camping*. Tenho certeza de que você poderá nos fazer uma refeição bem legal. *[Tracey finalmente está falando sobre o que é importante para ela.]*

KEITH: Tenho certeza de que poderia preparar algo bem legal. Então... O que você quer fazer em seguida? Se é que quer fazer algo? *[Keith poderia ter ficado no Passo 5 por um tempo, mas sente que Tracey já praticamente terminou a conversa. Então, por ora, segue ao Passo 6: Qual é o próximo passo, se é que há mais algum? Note como ele está deixando tudo inteiramente por conta de Tracey.]*

TRACEY: Certo, meu bem. Nunca havia entendido o quanto isso significava para você. Ainda detesto a ideia, pra falar a verdade, mas talvez possamos ir, só por uma noite. Você faz uma porção de coisas legais pra mim. Seria ótimo fazer algo por você também. *Se* você cozinhar pra mim *e* me levar a algum lugar bem legal no dia em que voltarmos pra casa. Assim que eu tiver a chance de tomar um banho. [*Antes de tentar esse processo, Keith estivera tão focado em vender a Tracey as alegrias de acampar, que nunca havia lhe ocorrido ter outra abordagem – oferecer-se para cozinhar, fazer uma viagem mais curta, convidá-la para algum outro lugar aonde desejasse ir. Se ele tivesse tentado persuadi-la com essas barganhas, talvez ela empacasse, sentindo-se pressionada e ressaltando que já tinha uma porção de outros acordos no relacionamento. Porém, pelo fato de ela ter oferecido o acordo, a sensação para ambos foi totalmente diferente.*]

KEITH: Isso é maravilhoso, Tracey! Claro que podemos ir por uma noite. Quer me ajudar a escolher o lugar, ou posso escolher sozinho?

TRACEY: Acho que você pode me mostrar os folhetos ou mapas. [*Agora eles passaram do ponto em que Keith tentava convencer Tracey a ir com ele, para se tornarem totalmente envolvidos no planejamento.*]

É claro que o processo nem sempre transcorre com tanta suavidade. Mas é notável quanto progresso ele permite fazer quando se está tentando influenciar outra pessoa. O segredo é localizar uma pequena centelha de sim, mesmo dentro de uma resposta que parece um não.

QUANDO ELES PARECEM DIZER NÃO

– E se não quiserem fazer o que estou falando? – meus *trainees* sempre me perguntam. – E se escolherem o 1 – "nem um pingo de disposição"? E se simplesmente recusarem?

A recusa inicial não é problema. Contanto que você reforce a autonomia da outra pessoa, como vimos no Capítulo 2, ainda pode começar o processo de influência instantânea.

Ela: Olhe, *jamais* vou acampar com você, portanto, não faz sentido perguntar.

Você: Certo, estou ouvindo o quanto você odeia a ideia. Mas deixe-me só perguntar: poderia existir uma razão para que você *algum dia* quisesse ir? Só na teoria? Qual seria ela?

Ele: Não vejo por que devo terminar meu dever de casa antes do treino de basquete.

Você: Sei que fazer o dever antes do treino de basquete tem sido difícil pra você. Apenas suponha, comigo, por um minuto, e me diga o que *poderia* ser bom se por acaso terminasse seu dever tão cedo assim.

Ele: Não faz sentido falar nisso, porque na verdade detesto o trabalho com essa papelada. Acho um total desperdício de tempo.

Você: Entendo totalmente. Mas você se importaria em considerar apenas por um instante por que você *poderia* querer preencher os relatórios quinzenais? Que benefício poderia lhe trazer, digamos, preencher apenas um relatório na semana que vem?

Em qualquer um desses casos, você pode converter o Passo 1 da influência instantânea em uma pergunta sobre ter a conversa em outro momento, dando à outra pessoa o máximo poder de decisão: "Por que você poderia desejar conversar comigo sobre isso em algum outro momento?"

Uma vez que tenha permissão para prosseguir e haja ingressado no Passo 1, comumente é melhor não fazer perguntas que tenham sim ou não como resposta: "Você estaria disposto a...?", "Você consideraria...?", "Você algum dia...?", "Não há sequer uma razão...?" Dizer não é algo que não exige muito raciocínio. E, sem raciocínio, não há descoberta.

Em vez disso, comece o Passo 1 com perguntas como "Por que você poderia querer...?", "Por que você consideraria...?", "Que benefícios pode haver para você...?" A utilização abundante de vocabulário condicional (seria, poderia, talvez, se, tente, dê uma chance) induz a outra pessoa a baixar as defesas, aumentando sua oportunidade de influenciá-la.

O Passo 1 também é uma versão da popular abordagem profissional conhecida como "O que eu ganho com isso?" Encontre uma maneira de continuar perguntando: "O que pode haver de benefício para você?"

O único momento em que você deve temporariamente parar de usar o processo é quando a outra pessoa diz: "Não quero falar sobre isso agora". Pare, sim, de falar um pouco, mas faça planos para falar a respeito depois, ou toque no assunto de novo. Várias vezes, observei mudanças profundas acontecerem precisamente nesses pontos intermediários desconfortáveis. E, se você deixar a pessoa se afastar livremente, mas de forma positiva, maior a probabilidade de que a conversa permaneça na mente dela e continue a exercer influência. Em contraste, pressionar pode causar resistência. Seu influenciado também pode surpreendê-lo e relatar que na verdade começou a mudar, antes mesmo que a conversa tenha terminado.

Em mais de quinze anos usando esse método e tendo retorno de *trainees* e treinadores, só sei de poucos exemplos em que alguém demonstrou uma recusa forte. Mesmo quando as pessoas são relutantes, não raro têm alguma disposição para se engajarem no processo de influência instantânea.

Se as pessoas realmente não quiserem mudar

Embora seja raro que as pessoas se recusem a tomar parte do processo de influência instantânea, às vezes, é revelada uma verdadeira discrepância: o que a pessoa vem dizendo que quer, não é, de fato, o que ela quer. Talvez o seu funcionário realmente não queira apoiar os objetivos de sua empresa. Eventualmente, a negociação não possa progredir, a amizade não possa durar e o casal chegou a caminhos separados. Se for o caso, essa técnica revela o vácuo mais vivamente e com uma claridade ainda maior do que qualquer abordagem que posso imaginar. Um funcionário desleixado ainda pode ter uma má postura, mas depois de passar pelo processo de influência instantânea ele está bem mais suscetível a isso e talvez até vá embora, em vez de forçá-lo a discipliná-lo ou demiti-lo. Um acordo de negócios pode não ser o melhor interesse de ambos os lados, um relacionamento pode ter chegado à sua conclusão lógica – mas, ao menos, cada lado pode alcançar essa decisão de maneira amigável e responsável. Se chegar a esse tipo de impasse, pelo menos dará à outra pessoa tanto espaço quanto seja possível para identificar o problema por ela mesma.

A INFLUÊNCIA INSTANTÂNEA PASSO A PASSO

O processo de influência instantânea é um modo eficaz de ajudar as pessoas a descobrirem os próprios motivos para fazer algo – a motivação mais poderosa de todas. Uma vez que você se especializar nos seis passos, será capaz de motivar praticamente qualquer pessoa a fazer qualquer coisa. Vamos começar!

Passo 1

Por que você poderia querer mudar? (Ou, para influenciar a si mesmo, por que eu poderia mudar?) Vou fazer uma confissão. Embora idealmente você vá praticar esse processo até que ele se torne natural, você não precisa fazer isso. Você poderia escrever os seis passos num cartão pautado e lê-los em voz alta, ou até colocar esse livro em sua mesa e ler dele. Na verdade, fizemos um estudo emergencial, no qual os pacientes passaram por uma "conversa" de influência instantânea, com um laptop que foi programado para responder automaticamente; os resultados foram quase tão bons quanto quando a conversa era conduzida por um profissional treinado[1].

Porém, se não se sentir confortável fazendo algo mecânico, como a maioria das pessoas que treino, e por ser provável que encontre uma variedade de situações e respostas, eis aqui algumas sugestões de como variar e ajustar o Passo 1.

- *Enfoque no presente: "Por que você está atualmente [insira a área de interesse]?"*

Às vezes, perguntar sobre uma possível mudança futura ("Por que você poderia querer cortar o açúcar e comer mais legumes?") parece ser um objetivo elevado demais. Em vez disso, você pode enfocar algo que a pessoa esteja fazendo atualmente e perguntar por que ela está fazendo isso. ("Por que você escolheu salada para o almoço de hoje?") Os executivos da GE que descrevi na Introdução estavam compreensivelmente céticos quanto a meu método, portanto, não quis começar perguntando por que poderiam querer aprender a influência instantânea - pareceu-me um salto grande demais. Em vez disso, perguntei por que estavam lá, por que tinham escolhido estar presentes naquele momento.

Algumas vezes, eu encontrei objeções a essa abordagem "guiada pelo presente". Uma vez, sugeri a uma gerente frustrada que ela perguntasse a um membro de sua equipe, que estava sempre atrasado, por que ele havia chegado pontualmente naquele dia.

– Mas ele chegou atrasado todos os outros dias da semana! – ela retrucou. – Está *sempre* atrasado! Se eu perguntar por que estava no horário hoje, não vai parecer que estou elogiando? Ser pontual ocasionalmente não é o bastante... Quero que ele chegue no horário *todos os dias*!

Eu lembrei à gerente que seu objetivo não é ganhar uma discussão, ou uma luta de poder, mas motivar o funcionário a ser pontual. A maneira de acessar sua motivação, de fazê-lo escolher o que *ela* quer para ele, era fazê-lo entrar em contato as próprias escolhas. Se ele optasse por chegar no horário pelo menos *um dia*, isso não seria digno de perguntar o motivo? Se ele pudesse identificar por que tinha escolhido ser pontual naquele dia, talvez decidisse optar por isso mais vezes, talvez até mesmoo tempo todo.

Claro que as pessoas geralmente negam que qualquer escolha estivesse envolvida. Elas podem focar no como ("Eu por acaso peguei o trem certo hoje"), insistem que foram forçadas ("Estou aqui porque *tenho* de estar") ou simplesmente negam toda responsabilidade por seus atos ("Eu não sei... hoje deu certo"). Não importa. Você pode responder fazendo com que elas vejam que *fizeram* uma escolha ("Você diz que tem que estar aqui, mas nem todo mundo do seu departamento escolheu cumprir o memorando. Por que *você* cumpriu?"). Você também pode perguntar o que ele pode ganhar com isso, já que "acidentalmente" fez algo ("Certo, casualmente chegou no horário hoje. Então, o que pode ganhar com isso, agora que está aqui?"). Você também pode pular direto ao Passo 2: "Então, numa escala de 1 a 10, o quanto você estava motivado para chegar pontualmente ao trabalho hoje?" Seja qual for a forma de começar, o processo funcionará igualmente bem.

- *Enfoque no passado: "Por que você fez [algo sobre o qual vocês estão falando]?".*

Se no presente não há um comportamento desejável ao qual se referir, e o futuro parece assustador demais, talvez haja algo no passado. Meu colega Andy, por exemplo, ficou extremamente frustrado com sua inabilidade para começar um programa de exercícios.

– Simplesmente não consigo – ele me disse, muito frustrado. – Com o beisebol das crianças, três vezes por semana, os projetos de reforma da casa, esse novo curso que estou lecionando e o novo comitê no qual estou participando, não tenho tempo e nem posso imaginar se um dia terei.

Claro que Andy estava focando o como: "Como, com todas as coisas que tenho a fazer, vou arranjar tempo para fazer exercício?" Queria evitar uma discussão infrutífera ao sugerir como ele deveria agir. Em vez disso, perguntei-lhe se houve alguma época de sua vida em que se exercitava regularmente.

– Ah, sim – respondeu ele prontamente. – Quando estava na faculdade. Naquela época, a vida era bem mais fácil; não tinha todas essas responsabilidades.

– Certo – falei, ainda tentando evitar o como. – Por que queria se exercitar naquela época?

Ele me olhou, irritado.

– Acabei de lhe dizer, eu tinha muito mais tempo.

– Esse era o motivo de achar que podia se exercitar. Mas por que *queria* fazê-lo?

Andy relutou um pouquinho com a pergunta, mas enfim surgiu com a resposta:

– Costumava nadar toda manhã e depois ficava "ligado" com a natação. Durava a manhã inteira.

Uma vez que Andy pôde acessar a motivação inicial, as razões pelas quais queria se exercitar anos atrás, ele conseguiu acessar o motivo de querer se exercitar no presente também, e passamos ao Passo 2.

Nem todos os porquês são criados da mesma maneira

Fique atento, pois algumas perguntas com ***porquês*** podem levar a um ponto negativo. Tente enfocar o significado da frase como um todo em vez das palavras "por que".

Porquês a evitar	***Porquês aos quais recorrer***
Por que você não...?	Por que você poderia...?
Por que você não fez...?	Por que seria bom pra você...?
Por que você não faria...?	Por que funcionaria pra você...?
Por que você não pode...?	Por que o beneficiaria...?
Por que você não deveria...?	Por que você poderia querer...?
Por que você não poderia...?	Por que você poderia decidir...?
Por que você não está...?	Por que você poderia pensar em...?

Refletindo a motivação

Agora que perguntou ao influenciado alguma versão do Passo 1, você vai querer começar a usar uma técnica que os psicólogos e consultores chamam de reflexo. Como a palavra sugere, o reflexo é o processo de repetir de volta, ou ecoar, o que a outra pessoa acabou de dizer, como se estivesse segurando um espelho para suas palavras.

Os psicólogos usam o reflexo de várias maneiras diferentes, porém, o foco aqui é a motivação. Precisamos refletir de volta até a menor das centelhas de motivação para ajudar a outra pessoa a ver mais claramente o que ela quer.

Para alcançar isso, talvez tenhamos de refletir a resistência ou possivelmente a frustração. De modo paradoxal, assim que o influenciado sente que sua resistência foi ouvida e compreendida, ele pode baixar um pouco a guarda ou eliminá-la de vez, tornando-se mais cooperativo.

Eis aqui como pode se desenrolar uma conversa refletiva:

DANNY: Eu realmente deveria parar de fumar.

VOCÊ: Ora, parece que você gostaria de parar de fumar. *[Note como Danny usou a palavra* deveria *e você escolheu* gostaria. *Você está evitando* deveria *porque isso pode induzir Danny à lei da reatância psicológica. Usando uma frase ligeiramente diferente, ainda está refletindo o que Danny disse, mas o ajuda a entrar em contato com o que ele quer.]*

DANNY: Sim, mas na verdade não possuo a força de vontade. Tentei antes, e nunca consegui. Simplesmente não sou muito bom em prosseguir nas coisas difíceis.

VOCÊ: Você se sente realmente frustrado quanto a isso, mas também gostaria de poder parar. *[Você reflete a resistência. Danny está claramente frustrado com o que vê como sua falta de força de vontade e persistência. Mas você termina sua afirmação refletindo sua motivação: se Danny tivesse força de vontade, ele pararia; portanto, gostaria de parar. Você sempre quer que a motivação seja a última coisa que o influenciado ouça, porque tendemos a lembrar melhor do que ouvimos mais recentemente.]*

DANNY: Estou bem frustrado. Esses cigarros estão me custando uma fortuna.

VOCÊ: Então, você poderia querer parar para economizar algum dinheiro. *[Note como o reflexo enfoca de novo o que Danny quer ou pode querer. Alguém engajado em puro reflexo pode simplesmente reformular a frase de Danny, talvez reconhecendo a emoção: "Você está frustrado com quanto está gastando em cigarro". Mas seu foco não é em como Danny se sente, mas no que ele quer e é isso que você está refletindo de volta para ele.]*

Perceba que você não está colocando palavras na boca de Danny. Ele disse "deveria" parar de fumar, pois está lhe custando uma fortuna. Você apenas reformulou os pensamentos dele em termos do que ele quer e por que: "Então, você *poderia* querer parar de fumar porque não gastaria uma fortuna e economizaria algum dinheiro". Quando possível, é melhor usar uma linguagem condicional, para reforçar a autonomia da outra pessoa e deixar espaço para ela decida por si mesma.

Às vezes, o reflexo envolve o reconhecimento dos sentimentos, pensamentos e explicações que podem aborrecê-lo, ou com os quais você discorda profundamente. Imagine que sua companhia tenha acabado de estender a jornada de trabalho da linha de atendimento ao cliente e esteja exigindo que todos de seu departamento trabalhem aos sábados, por um mês. Um funcionário diz:

– Detesto essa nova regra e, na minha opinião, os caras encarregados só estão nos sobrecarregando para não notarmos a bagunça que fizeram na em presa. A situação é totalmente injusta e eu não deveria ter de pagar por isso com meu tempo livre.

Talvez você apoie a nova regra; talvez a tenha até sugerido. Eventualmente ainda queira dizer ao funcionário:

– Estou vendo que está realmente frustrado com essa nova regra. Você acha injusto e acredita que não deve segui-la.

Note que você não concordou com seu funcionário nem admitiu que ele tem razão; apenas refletiu de volta o que ele disse, para que saiba que você ouviu e entendeu. Mas se puder honestamente dizer: "Você pode ter razão", ou: "Pode estar vendo algo que eu não havia percebido", você pode criar uma abertura para um diálogo novo e compreensivo.

De preferência, seu reflexo deve focar no lado positivo o máximo possível. Se a outra pessoa estiver de fato aborrecida com você, ou com qualquer outra coisa, pode ser preciso reconhecer esses sentimentos à medida que surgirem. Mas faça o melhor para refletir, mesmo os menores vestígios de motivação, à medida que ouvi-los.

Chegando ao talvez

O ideal é usarmos a influência instantânea para induzirmos a nós mesmos e outros, ao sim. Porém, às vezes, nós precisamos ver o valor da chegada ao *talvez*.

Suponha que esteja trabalhando com uma assistente que se detém diante de uma nova política que exige dos funcionários uma notificação antecipada de três meses para tirar férias. Anteriormente, o prazo de notificação era de um mês. Sua assistente está indignada.

– Bem – diz você, tentando usar o Passo 1 da influência instantânea –, por que você poderia querer seguir essa nova política?

– Não quero segui-la, e acho que ninguém na companhia deveria! – exclama sua assistente. – Como é que você pode considerar isso justo?

Você consegue encontrar a pequena abertura nessa resposta que parece totalmente negativa? A abertura – a ruptura potencial – está no fato de sua assistente estar lhe fazendo uma pergunta. Ela não está apenas dizendo: "Não, não vou fazer isso"; está argumentando com você. É claro que você gostaria que a conversa terminasse com ela concordando que a nova política é justa, ou ao menos que ela está inteiramente comprometida a segui-la. Mas você talvez ainda fique satisfeito se ela chegar a: "Ainda não gosto disso, mas talvez não seja tão horrível quanto pensei. Talvez eu siga a diretriz – preciso pensar a respeito".

Eis aqui uma descoberta fascinante de um estudo motivacional[2]. Pacientes hospitalizados que escreveram que decididamente frequentariam as consultas de acompanhamento posterior, depois que tivessem alta do hospital, tinham tanta probabilidade de faltar às consultas quanto as pessoas que escreveram que decididamente não compareceriam. Quem era mais suscetível de aparecer? Os que escreveram que talvez fossem. Nesse caso, talvez a ambivalência tenha sido mais forte que um sim.

Concluindo o Passo 1

As pessoas me perguntam com frequência quando é hora de concluir o Passo 1 e seguir ao Passo 2. Elas imaginam como saberão se já obtiveram valor suficiente da primeira pergunta e receiam que a transição ao Passo 2 possa parecer brusca.

Apenas continue, quando achar ser a hora certa, quando sentir que já obteve tudo que podia dessa primeira parte do processo. Se em algum momento não estiver mais dando certo, ou nem ter chegado perto de dar certo, não se preocupe – siga ao próximo passo! Enfoque as perguntas que estão funcionando, ou *podem* funcionar.

Também não fique receoso com a transição. Apenas faça a próxima pergunta. Pode parecer algo brusco para você, pois está ciente de estar usando um processo de seis passos. Mas a outra pessoa não pensará dessa maneira, mesmo que você tenha dito exatamente o que está fazendo. Ela apenas tentará lhe dar uma resposta.

Antes de prosseguirmos à revisão do Passo 2, é hora de um pequeno teste. Aqui está sua chance de descobrir quanto você aprendeu até agora.

Teste suas habilidades de influência instantânea: Passo 1

Uma pessoa de sua equipe de vendas acabou de fracassar numa ligação e você está tentando motivá-la a ligar novamente. Três das afirmações seguintes são eficazes para influenciar alguém; três são passíveis de gerar resistência. Assinale as afirmativas eficazes e tente definir por que podem funcionar. Identifique o que parecer problemático quanto às outras três afirmações. Depois leia as respostas e as explicações a seguir.

- ❑ Acho que sua proposta de vendas acabou de afundar. Como acha que vai conseguir trazer esse cliente de volta?
- ❑ Por que pode ser útil ligar de volta para aquele cliente e fazer outra tentativa?
- ❑ Por que não dá outra ligada para aquele cliente?
- ❑ Por que pode ser benéfico para você fazer uma segunda ligação?
- ❑ Como poderia ajudá-lo considerar fazer outra ligação?
- ❑ Por que você não pensa em dar outra ligada amanhã?

Acho que sua proposta de vendas acabou de afundar. Como acha que vai conseguir trazer esse cliente de volta? Ineficaz. Essa afirmação enfoca o como, não o porquê. Presumindo-se que esteja correto e a funcionária, de fato, fracassou, perguntar como vai consertar o problema pode desmoralizá-la. Você estaria bem melhor ajudando-a a pesquisar o motivo para que ela queira ligar novamente, em vez de inadvertidamente incentivá-la a imaginar se ela tem habilidade para fechar a venda.

Por que pode ser útil ligar de volta para aquele cliente e fazer outra tentativa? Eficaz. Você está incentivando sua agente de vendas a explorar os próprios motivos para fazer a ligação. Se ela souber por que quer ligar, será muito mais fácil encontrar a coragem e a determinação que ela precisa para seguir adiante.

Por que você não dá outra ligada para aquele cliente? Ineficaz. Essa é uma pergunta com "por que", mas está formulada negativamente. Isso incentiva sua agente de vendas a ensaiar os motivos para *não querer* fazer a ligação, em vez de ajudá-la a focar nos motivos para *querer*. Também parece outra maneira de dizer: "Você deveria fazer outra ligação", o que pode dar origem à resistência.

Por que pode ser benéfico para você fazer uma segunda ligação? Eficaz. Formular a pergunta desse modo incentiva sua agente de vendas a pensar sobre o que *ela* tem a ganhar com a ligação, que é a forma mais eficaz de romper sua ansiedade e suas dúvidas pessoais.

Como poderia ajudá-lo considerar fazer outra ligação? Eficaz. Da mesma maneira, essa pergunta inspira sua agente de vendas a pensar sobre o que poderia ser benéfico para *ela*, o que deve ser suficiente para fazê-la ultrapassar seu constrangimento, ou derrota, de modo a fazer a ligação.

Por que você não pensa em dar outra ligada amanhã? Ineficaz. Assim como ocorre com a terceira pergunta, esta usa o "por que não...", o que convida a agente a explicar seus motivos para *não* querer fazer outra ligação. É uma maneira desajeitada e, de certa forma, manipuladora de lhe dar uma ordem.

Passo 2

O quanto você está disposto a mudar (numa escala de 1 a 10, em que 1 significa "nem um pingo de disposição" e 10, "totalmente disposto")? O objetivo do Passo 2 é ajudar você e à outra pessoa a determinarem a motivação dela. Frequentemente, um de vocês, ou ambos, poderão se surpreender com o fato de o influenciado estar muito mais motivado do que se espera. Por exemplo, depois de insistir que não quer parar de passar mensagens de texto durante uma sessão de filme em família, seu filho responde ao Passo 2 dizendo que sua prontidão para mudar está em "aproximadamente 4". Você teria adivinhado 2, ou mesmo 1.

Se estiver fazendo esse processo consigo mesmo – para, por exemplo, se motivar a começar a fazer o imposto de renda –, talvez possa se surpreender ao descobrir que seu nível de motivação chega a 6. Como os participantes da pesquisa de Martin Seligman, que conhecemos no Capítulo 1 – pessoas deprimidas e exaustas que subitamente se viram mais felizes e energizadas –, apenas pensar no motivo para que se *possa* fazer algo pode inspirá-lo a querer fazer mais.

No entanto, não dê muita importância aos números que as pessoas lhe dão. Um número baixo não significa que não estejam inclinadas a entrar em ação, e um número alto não significa que *estejam* inclinadas a fazer algo[3]. O importante não é o número, mas o processo do pensar sobre o motivo para que possam querer fazer algo.

Vale lembrar que os psicólogos nunca foram capazes de elaborar um questionário que pudesse prever precisamente o quão suscetível uma pessoa está para entrar em ação[4]. Isso porque, por mais contraintuitivo que pareça, o nível de motivação de uma pessoa quase não tem relação com o que ela faz. Pessoas que se avaliam com motivação número 2 com frequência prosseguem na ação, enquanto pessoas que se avaliam com 10 com frequência não agem. Portanto, quando a pessoa com quem você estiver falando disser que tem uma motivação 4, por exemplo, não fique preocupado demais quanto ao número ser alto ou baixo. Tudo em que realmente precisa focar são as razões que ela tem para não escolher um número menor. Mais uma vez, o que produz a mudança não é o número, mas o processo de pensar sobre a pergunta.

"Você acha que algum dia vai conseguir fazer aqueles relatórios semanais?" é uma pergunta sem saída que pode evocar respostas como: "Vou tentar" ou "Espero que sim", ou ainda (se a pessoa estiver sendo honesta) "Provavelmente não". Mas perguntar "Numa escala de 1 a 10, quanto está motivada a fazer os relatórios semanais?" faz com que ela saia do reino do tudo ou nada, permitindo que imagine um leque de possibilidades. "Certo", a outra pessoa reconhece. "Estou pelo menos um pouquinho motivada a fazer o relatório."

Suponha que perguntasse à sua esposa se ela se importaria que você faltasse ao jantar semanal com a família dela, para poder ficar em casa e assistir a um jogo. Se perguntar diretamente, sua primeira resposta talvez seja: "Sim, eu me importaria. Gostaria que você viesse comigo". É improvável que ela diga "Eu não sei", ou "Imagino que tudo bem, sob algumas circunstâncias", porque a mente dela não tem essa destinação quando você faz uma pergunta cuja resposta é sim ou não. O cérebro dela simplesmente ouve: "Sim ou não?" Nesse caso, a resposta é "não".

E se, em vez disso, você dissesse:

– Gostaria de lhe perguntar uma coisa. Há algo que quero fazer e queria saber como você se sente a respeito. Numa escala de 1 a 10, o quanto acha que estaria pronta para me liberar desse domingo, para que eu possa ficar em casa e assistir ao jogo?

Agora sua esposa tem de pensar a respeito. O quanto esse jantar é importante para ela? O quanto ela está disposta a deixar que você fique em casa? Talvez, mais pronta do que ela pensava. O que ela pensa, quando o imagina ausente? "Ficarei ligeiramente constrangida de aparecer sem ele... mas, pensando bem, adoraria ter algum tempo sozinha com minha mãe, adoraria brincar com o novo bebezinho de Sue, e não dá exatamente para fazer isso se tenho de ver se meu marido está se divertindo". Ao menos agora ela está considerando a possibilidade de você não ir, em vez de apenas descartar a ideia. E mesmo que ela diga: "A resposta é 1. Não estou nem um pouco disposta", você ainda pode responder perguntando:

– Certo, estou ouvindo. Então, o que seria preciso para que você mudasse esse 1 para 2?

Em vez de dar uma resposta sim ou não, que ela tem de defender, ela está ativamente pensando sobre deixá-lo faltar ao jantar. E está lhe dizendo o que seria preciso para que ela mudasse de ideia.

Se sua esposa de fato detestar a ideia de você faltar ao evento, esse processo não vai mudar esses sentimentos. Na verdade, talvez ela perceba o quanto sua presença é importante para ela e vocês dois possam ter uma conversa totalmente diferente sobre seu lugar nas reuniões da família dela – uma conversa mais sincera e menos defensiva do que qualquer outra que já tenham tido. Você pode até descobrir que não se importa em ir, agora que ela está falando de coração, e não pela obrigação. Mas, se uma pequena parte dela não se importar, essa forma de perguntar lhe dá espaço para descobrir. Vocês dois evitam uma luta de poder. E agora a conversa pode começar.

NÃO INFRINJA A REGRA DO HOMEM MORTO!

Há um velho ditado em consultoria: não tente motivar alguém a fazer nada que um homem morto fizesse tão bem quanto ele.

Por exemplo, nunca tentamos penetrar a resistência de alguém que não quer beber ou quer ficar longe de comida que não é saudável, ou que não quer fazer tudo do seu jeito. Um homem morto não bebe, ele nunca come nada que engorda e faz tempo que não faz tudo do jeito que quer.

Em vez disso, talvez possamos tentar fazer alguém recusar o próximo drinque, aderir à comida saudável ou ligar para uma empresa para tentar uma entrevista de emprego. Agora, a pessoa tem um papel ativo a interpretar – algo para o qual tem de estar vivo.

Quando você pergunta às pessoas por que podem querer fazer algo, ou o quanto estão motivadas, está perguntando sobre seu *comportamento*, não sobre os desfechos. Não podemos nos comprometer a *perder peso*, mas podemos nos comprometer a manter um *plano de alimentação*. Não podemos nos comprometer a *arranjar um emprego*, mas podemos nos comprometer em fazer *dez buscas de emprego até o fim da semana*.

Também é útil enfocar no próximo passo, em vez do passo final. *Vou parar de mandar mensagens de texto durante a noite do filme com a família*, em vez de: *Nada de celular, nem computador, de forma alguma, nos momentos de ficar com a família*. Algumas pessoas que treinei tiveram objeções a esse processo de "passinho de bebê", sentindo que estou lhes pedindo para serem brandas demais com seus influenciados. Mas nós só chegamos a algum lugar dando um passo após o outro e, depois de dar o primeiro, por menor que seja, quase sempre nos vemos motivados a continuar abertos à ideia de que qualquer problema pode ser resolvido e deixar que o processo trabalhe para você – um passo de cada vez.

Passo 3

Por que não escolheu um número menor? (Ou, se o influenciado escolheu 1, refaça a segunda pergunta, desta vez sobre um passo ou mudança menor, ou pergunte o que seria preciso para que esse 1 se transformasse em um 2.) Pelo fato de que as pessoas estão acostumadas a serem pressionadas e obrigadas a fazer o que os outros querem, com frequência elas se surpreendem quando lhes é solicitado fazer o que querem. Com essa pergunta, estamos dizendo: "Certo, alguma parte de você quer entrar em ação. Essa parte tem a ver com o quê?"

Alguns dos meus *trainees* se questionam se essa pergunta valida a motivação fraca de outra pessoa.

– E se fazer essa pergunta diminuir o número ainda mais? – perguntou-me um gerente de vendas. – E se alguém disser: "Nossa, você está certo. Esse número *deve* ser menor!"

Essas preocupações, apesar de compreensíveis, fogem ao ponto. O número não é importante. Como aprendemos antes, o número nem sequer prevê o quão inclinado alguém está para fazer algo[5]. O importante são os motivos da pessoa: Por que estão um pouquinho interessados em fazer o que você está lhes pedindo que façam? Convidá-los à ingressar nesse processo de raciocínio – independente do número que escolham – é a melhor maneira para que descubram quanto realmente querem entrar em ação.

Teste suas habilidades de influência instantânea: Passo 3

Você ainda está trabalhando com a agente de vendas que fracassou com a ligação. Ela admite que, numa escala de 1 a 10, sua motivação para fazer novamente a ligação é só um 3, mas você sente que está fazendo algum progresso. Mesmo assim, se vê fazendo muitas perguntas que, segundo percebe, não estão surtindo efeito. Mas você faz uma pergunta, de fato, eficaz.

Olhe as perguntas seguintes e verifique a que funciona. Depois pense por que é provável que essa pergunta induza alguém a entrar em ação, enquanto as outras três são mais inclinadas a promover o aumento de resistência.

- ❑ Por que você já não retornou a ligação?
- ❑ Só 3? Por que não está mais disposta a ligar?

- ❑ Por que não desistiu completamente?
- ❑ Como vai se preparar para a próxima vez que ligar?

Por que você já não retornou a ligação? Ineficaz. Essa pergunta convida sua agente de vendas a ensaiar seus motivos para não fazer a ligação. Ela a coloca imediatamente na defensiva, pois as palavras sugerem que deveria ter ligado de volta. Talvez, mas, se ela está se sentindo derrotada ou ansiosa pela falha anterior, essa pergunta não vai ajudá-la a acessar a determinação da qual precisa para fazer uma segunda ligação.

Só 3? Por que você não está mais disposta a ligar? Ineficaz. De novo, perguntar à agente de vendas por que ela não está mais pronta para fazer o que você quer que ela faça imediatamente a coloca na defensiva. A pergunta não é por que ela não está pronta para fazer o que *você* quer. A pergunta é como podemos ajudá-la a entrar em contato com o que *ela* quer.

Por que não desistiu completamente? Eficaz. Você e sua agente de vendas ainda estão discutindo a possibilidade de ela fazer a ligação. Isso significa que ela tem de querer fazer a ligação, ao menos um pouquinho. Focar no motivo para que queira seguir adiante vai ajudá-la – e a você – a alimentar aquela pequena centelha de desejo de fazer a ligação.

Como vai se preparar para a próxima vez que ligar? Ineficaz. Essa pode ser uma pergunta extraordinária depois que a agente de vendas tiver se comprometido à próxima ligação. Uma vez que esteja recorrendo à poderosa energia do porquê, ela pode, de fato, se beneficiar de falar sobre o *como*. Mas, até que esteja profundamente comprometida a fazer a ligação, perguntar-lhe como está se preparando para fazê-la só vai lembrá-la do quanto está despreparada.

Passo 4

Imagine que você tenha mudado. Quais seriam os resultados positivos? Os três primeiros passos da influência instantânea são primordialmente elaborados para estabelecer alguns motivos iniciais para a mudança. Às vezes, esses motivos são muito fortes e motivadores. Outras vezes, as razões dadas pelas pessoas são relativamente triviais ou superficiais, mas, em princípio, isso não importa, na primeira metade do processo. Chegar a um ponto onde fica claro que alguém possa querer mudar já é bom o suficiente.

Os Passos 4 e 5 têm a intenção de ajudar seu influenciado a aprofundar seu compromisso. Eles são baseados na premissa de que os motivos mais fortes para a mudança são os mais pessoais, e são elaborados para fazer emergir aquelas razões profundamente guardadas que talvez nunca tenham sido articuladas, mas, mesmo assim, estão ali. A chave para o Passo 4 é ajudar o influenciado a visualizar uma mudança que já aconteceu, não algo que esteja realizando[6]. Uma mudança concluída pode trazer uma sensação satisfatória e empolgante; uma mudança iminente pode parecer muito trabalhosa, o que pode desencorajar o influenciado antes mesmo que ele comece. Portanto, assegure-se de que o Passo 4 evoque um senso forte de que a mudança já é um negócio fechado.

Eis aqui algumas sugestões de como reformular o Passo 4:

"Imagine que você já fez a mudança sobre a qual estamos falando. Agora me diga como você será beneficiado por isso."

"Digamos que estamos três semanas à frente e trouxemos uma consultora que eu gostaria de contratar. Ela fez seu trabalho, entregou seu relatório e você o está revisando. Que boas coisas podem surgir disso, para você?"

"Suponha que tivéssemos uma varinha mágica e essa mudança simplesmente tivesse acontecido – sem custo nem esforço, algo feito por mágica. Como você poderia se beneficiar?"

Você pode sugerir que a mudança já tenha acontecido, descrever a mudança, incentivar o influenciado a visualizar a mudança em detalhes, escolher uma data para que a mudança esteja concluída, recorrer à ideia da varinha de condão ou de uma transformação sem esforço (o que ajuda a tirar o foco do como e excluir a sensação de que "não pode ser feito"). O objetivo é tornar o desfecho real para a outra pessoa, de modo que ela tenha uma oportunidade de reconhecer o quanto quer aquilo.

Manter-se otimista também é uma atitude-chave. Pergunte sobre os desfechos potencialmente positivos. Pesquisas mostram que as pessoas são muito mais inclinadas a mudar se pensam no lado positivo da mudança em vez do lado negativo. Por exemplo, num estudo recente de 170 fumantes, conduzido por um ex-estagiário meu e seus colegas, fumantes aos quais se solicitou considerar mensagens positivas quanto a parar de fumar ("Se eu parar de fumar minha roupa terá um cheiro melhor, minha família passará mais tempo comigo e isso fará com que me sinta bem") foram quase três vezes mais inclinados a conseguir seis semanas de abstinência do que os fumantes aos quais se solicitou considerar mensagens negativas sobre continuar fumando ("Se eu não parar de fumar, talvez tenha câncer, minha roupa continuará cheirando mal e minha família passará cada vez menos tempo comigo, pois sou uma fumaça ambulante")[7].

É claro que se seu influenciado não conseguir identificar nenhum desfecho positivo, então, você pode seguir o caminho inverso. Peça que ele imagine as coisas exatamente como são, digamos, pelas próximas três semanas, depois peça que ele descreva os possíveis desfechos para isso. No entanto, mesmo que ele enfoque no negativo, você deve continuar a apresentar as respostas dele de modo positivo:

INFLUENCIADO: Se continuar assim, vou ganhar ainda mais peso e talvez tenha um ataque do coração, como aconteceu com meu pai.

INFLUENCIADOR: Então, você acha que se mudar de dieta isso pode ajudá-lo a perder peso e mantê-lo mais saudável, de modo a evitar as consequências terríveis da doença de seu pai. Mudar sua dieta significa que as coisas podem melhorar muito para você.

Passo 5

Por que esses resultados são importantes para você? Nesse passo você incentiva o influenciado a ir tão fundo quanto possa – pelas razões mais pessoais –, entrando em ação. Lembre-se do começo deste capítulo e da forma como Keith continuava a perguntar a Tracey sobre o motivo para de ela desejar acampar com ele. Falar sobre fazer Keith feliz, ou mesmo tê-lo cozinhando, não foi nem de perto tão pessoal como quando Tracy falou sobre querer mais tempo para que ficassem juntos. Tracey levou um tempo para descobrir essas razões dentro de si mesma, mas, quando o fez, não ficou apenas disposta a acampar; na verdade, ficou até empolgada a respeito.

Não precisamos que o influenciado fique tão entusiasmado quanto Tracey ficou, mas queremos que encontre um motivo com o qual realmente se identifique. "Eu gostaria de passar menos tempo no Facebook durante meu dia de trabalho, pois realmente tenho muito a fazer" não é tão pessoal quanto "Se eu passasse menos tempo no Facebook, terminaria meu trabalho até as cinco horas, em vez de seis, e poderia sair antes da hora do *rush* para ir para casa". E isso não é tão pessoal quanto: "Se passasse menos tempo no Facebook, chegaria em casa a tempo de tirar uma soneca", ou: "Chegaria em casa a tempo de brincar com minha filha", ou: "Poderia usar o tempo para ligar para Carl – nunca mais falei com ele e talvez pudesse encaixar uma ligação de quinze minutos, de vez em quando". Quanto mais pessoais são os nossos motivos para fazer algo, mais provável é que eles sejam importantes para nós e nos empurrem com mais eficácia para entrarmos em ação.

Talvez você precise de algum esforço para chegar aos motivos verdadeiramente pessoais, que frequentemente são um tanto surpreendentes. Geralmente, as respostas com as quais as pessoas começam, no Capítulo 5, são as mais convencionais: "Para manter meu emprego", "É bom para minha saúde", "Para entrar na faculdade", "Devo isso a mim mesmo", "Tenho de fazê-lo", "Devo fazê-lo", e assim por diante. Pode levar um tempinho, confiança e um bocado de criatividade para ganhar o âmago da questão, mas é aí que acontece a verdadeira mudança. Seja persistente.

Uma técnica que meus *trainees* e eu utilizamos com sucesso é uma abordagem que chamo de "os cinco porquês". Você começa perguntando: "Por que esses desfechos são importantes para você?". Para cada resposta que receber, repita a pergunta, até que tenha perguntado cinco vezes. Invariavelmente, as respostas, de modo quase mágico, passam de práticas e impessoais a profundamente pessoais e sinceras. Como interrogador, seu papel é prosseguir evocando respostas mais pessoais; se ouvir uma resposta que pareça "direcionada a outra pessoa", diga algo como: "Bem citado, mas e para você?"

Eis aqui um exemplo no qual Nathan, um gerente de meia-idade do departamento de vendas de uma grande corporação, mencionou por que queria adotar um novo procedimento que exigiria reuniões mais frequentes com sua equipe de vendas. A princípio, Nathan, como a maioria de seus colegas, sentiu-se profundamente ressentido com o procedimento, mas, até chegar ao Passo 5, havia começado a se valer da nova abordagem.

INFLUENCIADOR: Certo. Então, imagine que você adotou a nova abordagem e três semanas se passaram.

NATHAN: Acho que o departamento estaria transcorrendo com mais suavidade.

INFLUENCIADOR: Isso é ótimo, mas isso é para o departamento. E quanto a *você*? Por que isso seria importante para *você*? *[Passo 5, primeiro porquê.]*

NATHAN: Bem, é claro, se as coisas no departamento estivessem transcorrendo mais suavemente, acho que estaria mais feliz.

INFLUENCIADOR: Por que coisas transcorrendo com suavidade no departamento seria importante para você? Por que isso o deixaria mais feliz? *[Segundo porquê.]*

NATHAN: Porque as coisas têm andado bem tensas, por isso seria uma mudança bem-vinda.

INFLUENCIADOR: Por que coisas menos tensas seriam uma mudança bem-vinda? *[Terceiro porquê.]*

NATHAN: Bem, todos os outros se sentiriam melhor. Isso faria com que eu me sentisse bem.

INFLUENCIADOR: Por que você se sente melhor, quando as outras pessoas de seu departamento estão se sentindo melhor? *[Quarto porquê.]*

NATHAN: Nós todos nos entrosaríamos melhor.

INFLUENCIADOR: Por que seria bom para você se ajudasse o departamento a se entrosar melhor? *[Quinto porquê.]*

NATHAN: Sabe, durante toda minha vida, eu quis ser um líder – quero dizer, um líder de verdade –, alguém que realmente afina a situação e faz as coisas andarem. Sempre achei possuir esse dom. Mas sempre recuei. Detesto dizer isso, mas acho que é porque estava tão indignado com meu pai, que sempre foi meio passivo, sabe? *Ele* nunca se apresentava, não da forma como deveria. Talvez eu também não o tenha feito. Talvez agora, com essa nova abordagem, possa fazê-lo.

Percebo que a resposta de Nathan soa quase boa demais para ser verdade. Por que um homem de negócios, numa reunião de treinamento com os colegas, subitamente começa a falar de modo tão pessoal sobre seu pai? Mas esse é o tipo de resposta emocional e sincera que repetidamente tenho visto as pessoas darem ao quinto porquê. Já vi isso de gente durona, de oficiais de liberdade condicional, de presidentes céticos e de equipes de unidades de emergência, e todos sempre ficam surpresos pelas descobertas profundamente pessoais feitas por eles e seus colegas. Depois de ter testemunhado isso com tanta frequência, já não me surpreendo, embora sempre fique comovido. Por isso acredito tão profundamente no poder do *porquê*. Estou bem certo de que depois que tentar os "cinco porquês", talvez você comece a acreditar também.

Reflexo seletivo

A essa altura, quando refletir as afirmações das pessoas de volta para elas, vai focar mais especificamente na motivação que possui até agora, omitindo quase por completo qualquer menção de resistência. Até a hora de chegarem ao Passo 5, as pessoas não precisam necessariamente ouvir o eco de todas as formas de seus sentimentos de incerteza, raiva ou aborrecimento. Em vez disso, precisam ouvir como estão esperançosas, o que querem e como verdadeiramente acreditam que as coisas podem melhorar – em particular se a fé, a esperança e o desejo estiverem sepultados com tamanha profundidade, que sequer tenham consciência desses sentimentos.

Às vezes o processo de reflexo ajuda a resumir o progresso que vocês dois fizeram, mas de maneira suave, para não incitar a lei da reatância psicológica. Como sempre, utilize muitos qualificadores e deixe espaço para a possibilidade de a pessoa com quem está falando enxergar de forma diferente. Por exemplo:

> – Então, se eu o compreendo corretamente, embora no início você não estivesse tão certo quanto a esse novo procedimento do escritório, agora você está dizendo que isso realmente pode beneficiá-lo. *[Pare aqui e conte até cinco antes de falar. Depois, se não houver resposta, pergunte:]* Isso parece um resumo preciso do que acabou de acontecer?

Enfim, tente refletir o motivo mais atrativo para mudar, que em geral é a resposta ao quinto *porquê*. Por exemplo:

> – Você parece querer manter essa nova política no escritório de modo a provar que, ao contrário de seu pai, você se tornou um verdadeiro líder – um exemplo forte e positivo para a equipe.

Passo 6

Qual é o próximo passo, se é que há mais algum? Por fim, já não estamos mais perguntando os porquês da mudança; estamos perguntando pelo como. Acrescentar essas duas palavrinhas, ao final, é outra forma de reforçar a autonomia da outra pessoa: ainda cabe a ela decidir se haverá um próximo passo. Esse talvez seja o momento de pressionar para um compromisso de mudar, ou tentar fazê-lo pode ser prematuro. (Na terceira parte, eu o ajudarei a calcular como avaliar seus resultados, o processo de elaboração de um plano de ação, e vou auxiliá-lo a identificar essas situações nas quais a mudança não vai acontecer e você precisa seguir adiante.)

Felizmente, algum tipo de mudança geralmente é possível, mesmo que seja preciso mais que uma conversa de influência instantânea para se chegar lá. Portanto, não se preocupe se o Passo 6 levar um tempo para dar frutos. Como vimos no Capítulo 1, a conversa de influência instantânea talvez leve a um compromisso completo, um compromisso parcial, ou simplesmente uma nova abertura para se considerar o assunto. Mesmo quando alguém se compromete a mudar, pode levar algum tempo até descobrir exatamente a forma de colocar essa mudança em ação.

Porém, frequentemente, as pessoas que chegam ao Passo 6 estão ávidas para fazer grandes mudanças, o que as leva a prometer muito. "Certo, pai! Eu tenho cuidado mal do Spot, mas vou alimentá-lo todos os dias de agora em diante", "Nossa, agora que vejo quanto tempo tenho desperdiçado no Facebook, nunca mais vou passar mais que quinze minutos por dia", "Esses armários estarão limpos até domingo e vão continuar assim – ponto-final".

Se você influenciando a si mesmo, ou outra pessoa, conduza a mudança lentamente. Apoie o entusiasmo, mas escolha um próximo passo que seja menor e mais fácil de realizar. "Que tal alimentar o Spot todos os dias, na semana que vem, depois checamos para ver como vai indo?", "Vou experimentar passar no máximo meia hora no Facebook em dias de semana, com tempo ilimitado no fim de semana. Em um mês, vou rever", "Vou limpar o armário do corredor até domingo e o armário do quarto na semana seguinte. Depois vou descobrir o que fazer quanto ao armário de mantimentos".

Os influenciadores talvez fiquem tentados a pular o Passo 6 se o seguinte parecer óbvio. No entanto, se você acha que a outra pessoa está pronta para identificar o próximo passo, siga em frente. Você pode achar que já ouviu alguém afirmar esse próximo passo, mas ele não ouviu a si mesmo dizendo-o. Talvez também possa ter se enganado ou entendido mal. Mesmo que a outra pessoa tenha dito o passo seguinte, o pior que pode acontecer é que ela ouvirá a si mesma expressando de forma mais enfática ("Eu já lhe disse, vou alimentar o Spot todo dia.").

Aliás, isso também serve para você, caso esteja tentando se motivar. Assegure-se de dizer em voz alta ou escrever claramente qual será o seu próximo passo. Mesmo que saiba o que será, você se sentirá muito mais motivado se articular seu plano.

Agora que você sabe como utilizar a influência instantânea, poderá experimentá-la em várias situações: sozinho, com gente que diz querer mudar, com gente que diz não querer mudar e até com estranhos, como balconistas, garçons e pessoal de atendimento ao cliente. Na segunda parte, você descobrirá como aplicar esse processo de maneira mais eficaz.

Segunda Parte

Expansão da influência

Capítulo Quatro

INFLUENCIANDO A SI MESMO

AH, SE PUDÉSSEMOS NOS SUGESTIONAR DA FORMA COMO SUGESTIONAMOS OS OUtros! Claro, é fácil ver o que outra pessoa poderia fazer de diferente, mas sempre parece muito mais difícil aplicar essas mesmas lições quando o assunto somos nós. Do mesmo modo que você pensou em maneiras de poder usar a influência instantânea para ajudar colegas, empregados, familiares e amigos, talvez tenha se visto desejando que alguém aparecesse para influenciá-lo.

A boa notícia é que você pode aplicar a técnica da influência instantânea a si próprio, com a mesma facilidade que a usa com outra pessoa. Pelo fato de que esse processo depende de uma série de passos específicos para sondar seu desejo interior de mudança, você não precisa de um terapeuta habilidoso, nem de um amigo perspicaz para fazê-lo dar o primeiro passo. Você pode influenciar a si mesmo.

Com frequência, você descobrirá que sua verdadeira motivação é bem diferente do que achou que fosse. Minha amiga escritora Yvonne teve essa experiência quando decidiu usar a influência instantânea para trabalhar em sua escrita.

Yvonne tem trabalhado como profissional *freelancer* há muitos anos e se orgulha de sempre cumprir seus prazos. Com os clientes que gosta, é comum começar e terminar o trabalho antes do prazo, deixando tempo de sobra para que possa fazer coisas que adora – assistir a filmes, encontrar os amigos e fazer exercícios.

No entanto, com os clientes de que não gosta, ela vai adiando o começo do trabalho o mais que pode, depois termina no último minuto, o que resulta em estresse desnecessário. Ela também se priva de qualquer diversão que poderia ter tido no tempo livre, pois não consegue aproveitar, por conta dos prazos iminentes.

Então, quando Yvonne começou a experimentar o uso da influência instantânea para lidar com a procrastinação, achou que suas razões fossem: "Evitar todo aquele estresse", "Sentir orgulho do trabalho" e "Ter mais tempo para si mesma". Mas o que apareceu foi vingança. Quando escreveu as perguntas sobre influência instantânea e as próprias respostas, viu-se às voltas com estas palavras:

> Bette [uma cliente de que ela não gostava] já tirou muito do meu tempo – não vai ter NEM MAIS UM MINUTO. Já me fez infeliz o suficiente.

> Bem, acabou! Vou terminar esse trabalho imbecil e depois vou ao cinema, e que se dane!

Para surpresa de Yvonne, esse motivo de vingança, de fato, funcionou, e ela se viu escrevendo com furor. Terminou o trabalho cedo e foi recompensada com o orgulho profissional e um toque de alegria.

– Não sei por que não percebi como me sentia antes – disse-me ela. – Talvez me sentisse culpada por desgostar tanto dela, não sei. Mas descobrir por que eu *realmente* queria terminar aquele trabalho o mais rápido possível – e, por consequência, começá-lo também o mais rápido possível – ajudou a remover o bloqueio. Nem em um milhão de anos teria desconfiado, mas estava ali.

Uma olhada rápida no processo

1. Identifique uma mudança que gostaria de fazer, ou uma ação que gostaria de realizar.
2. Formule-a em termos de comportamento, não deresultados: "Quero seguir meu plano de dieta por duas semanas" em vez de "Quero perder peso".
3. Escreva a primeira pergunta sobre influência instantânea (Por que eu poderia mudar?) e em seguida a resposta. Quando responder, tente escrever o mais rápido possível, sem parar para censurar nem questionar sua resposta. (Você pode fazer esse exercício num computador ou à mão; porém, às vezes, o ato físico de escrever evoca pensamentos e sentimentos mais profundos.) Escreva o quanto quiser. Não se preocupe se tiver a impressão de que está se afastando do tópico. Quando achar que terminou a primeira pergunta, prossiga para a próxima e assim por diante, até chegar ao Passo 5.
4. Quando chegar ao Passo 5, escreva "Por quê?", e depois responda. Repita por mais quatro vezes, de modo a perguntar e responder os "cinco porquês".

5. Se em algum ponto tiver dificuldade de completar uma resposta, encontre uma maneira ligeiramente diferente de fazer a pergunta (revise o Capítulo 3 para sugestões, se necessário).
6. Quando chegar ao Passo 6, escolha um passo pequeno e administrável, e marque um momento para voltar a ele a fim de revisar seu progresso e escolher o passo seguinte.

Nota: Se você se sente à vontade falando consigo mesmo, também pode fazer esse processo oralmente, talvez gravando sua voz. Escreva o passo seguinte apenas quando chegar ao Passo 6. Eu o aconselho a escrever as respostas ou dizê-las em voz alta, e não apenas pensar nelas em silêncio. Você terá mais influência sobre si mesmo se de fato ler ou ouvir suas razões.

QUANDO TIVER DIFICULDADE DE ENTRAR EM AÇÃO

Às vezes, usamos a influência instantânea em nós mesmos, e o processo evolui de forma rápida e fácil. Outras vezes, temos dificuldade em começar. Em outras, ainda, podemos nos pegar procrastinando o uso dessa técnica. Se você se sente estagnado em qualquer área da vida e tem encontrado dificuldade para começar o processo de influência instantânea, eis aqui algumas sugestões que podem acender a centelha:

- *Comece pequeno*. Pensar na menor ação possível necessária para começar uma tarefa pode fazer com que a tarefa pareça bem mais administrável. Escrever um relatório trimestral pode ser assustador – rabiscar a primeira frase, nem tanto. Pagar suas contas pode parecer exaustivo – colocar o cartão de crédito ao lado do computador é moleza.

Meu colega Marcus estava tendo dificuldade para se motivar a ligar para o técnico de informática, a fim de começar um longo e complicado processo de atualização em seu computador, além de aprender alguns novos sistemas operacionais. Toda vez em que pensava em ligar para o homem – uma tarefa bem simples à primeira vista –, imaginava as horas, os dias e as semanas que envolviam a escolha de um novo laptop, o pedido dos programas, o trabalho com o técnico para instalar o sistema e o aprendizado para domínio da tecnologia. Assustado com a prospecção de tanto trabalho, incerteza e frustração, Marcus nunca conseguia fazer a ligação. Sequer conseguia se persuadir a começar o processo de influência instantânea, com o qual obtivera êxito antes ao usá-lo para praticar corrida.

Por fim, ele mencionou o problema para mim. Sugeri que diminuísse um pouquinho o peso.

– Não enfoque no técnico – sugeri. – Em vez disso, pense em encontrar o telefone do sujeito, anotá-lo e colocá-lo ao lado do telefone.

Marcus não conseguiu acreditar que uma mudança tão simples faria diferença, mas concordou em experimentar. Em vez de perguntar a si mesmo: "Por que eu poderia querer ligar para o técnico?" (Passo 1) e "Numa escala de 1 a 10, quanto estou disposto a ligar para ele?" (Passo 2), apenas pensou: "Por que eu poderia desejar escrever o número do técnico e colocá-lo ao lado do telefone?" e "Numa escala de 1 a 10, o quanto estou motivado a encontrar o número e deixá-lo à mostra?"

Uma vez que Marcus focou nos passos menores, deu-se conta de que começava a se mexer. E, depois que deu início aos primeiros movimentos, a cinética prosseguiu. Um dia, ele procurou o número e o colocou ao lado do telefone. No dia seguinte, quando pegava o telefone para marcar uma consulta médica, viu o número e, como me disse depois:

– Simplesmente acabei ligando, sem sequer perceber o que tinha feito.

Foi como se Marcus estivesse criando a própria reatância psicológica, ao dizer a si mesmo que *tinha* de ligar para o técnico. De modo a remover o bloqueio, precisava dar a si mesmo um pouco de reforço de autonomia: "Não preciso ligar para o técnico. Poderia apenas procurar o número".

Lembrando dessa experiência, Marcus tentou focar nos pequenos passos iniciais ao longo de todo o processo: não em instalar o novo programa, mas apenas em tirá-lo da caixa; não em ler o manual de instruções, mas em apenas colocá-lo perto do computador. Toda vez, esses passinhos miúdos resultavam no truque. Depois que havia feito ao menos um minúsculo progresso, sua motivação natural assumiu o processo e o conduziu.

- *Imagine quantas formas diferentes existem para que você aborde o problema.* Às vezes, como vimos no Capítulo 3, tendemos a nos ater ao como. Convencemo-nos de que só há uma maneira de alcançar o objetivo, depois ficamos obcecados com todos os obstáculos que nos impedem de fazer aquilo.

Mas, com frequência, como Keith e Tracey descobriram, há muitas maneiras de se resolver um problema, algumas bem atraentes, mais factíveis, ou simplesmente mais fáceis do que aquela na qual estávamos empacados. Tracey não conseguia se imaginar em uma das viagens habituais de acampamento de Keith, mas ficou feliz em planejar uma luxuosa noite ao ar livre, com Keith cozinhando para ela e depois a levando a algum lugar especial. Da mesma maneira, um colega meu odiava a ideia de ler alguns livros de negócios que eu havia recomendado, mas animou-se ao perceber que podia ouvir as versões em áudio, enquanto seguia longos trajetos dirigindo para visitar parentes.

Quando usamos a influência instantânea com outras pessoas, incitamos o contato com a autonomia delas, bem como com sua criatividade, ao convidá-las a arranjar as próprias soluções para seus problemas. Também podemos fazer o mesmo conosco – permitira possibilidade de que qualquer problema talvez tenha diversas soluções. Talvez até desafiar você mesmo a encontrar soluções alternativas, sem pensar se funcionarão. Você poderá descobrir que pensar em soluções malucas, bem-humoradas, ou que obviamente não funcionam, pode dar origem a uma nova ideia que, na verdade, é bem funcional.

- *Permita a possibilidade de que todos os problemas possam ser resolvidos.* A resistência não bloqueia apenas a ação; às vezes, também nos impede de pensar. Mesmo quando tentamos imaginar quantas formas diferentes há para abordarmos um problema, talvez fiquemos desesperados se dez ou quinze minutos de empenho concentrado não nos prover uma resposta. "Não há solução", dizemo-nos, e a motivação se desvanece.

Não precisa ser assim. Podemos nos comprometer com a possibilidade de que cada problema possa ser resolvido de alguma maneira. Talvez precisemos mudar as regras, ou redefinir o problema, ou ainda redobrar esforços para nos expandirmos em busca de recursos, mas, no mínimo, é possível que, em algum lugar, de algum modo, esse problema tenha algum tipo de solução.

Para encontrá-la, precisamos nos prometer manter a mente aberta. Pode ser tentador deixar que sua motivação se dissipe, mas tente resistir. Se a possibilidade de uma solução é real para você, você se sentirá motivado a manter o processo que, por sua vez, pode motivá-lo a continuar buscando a solução para o que precisa.

- *Prepare-se para se surpreender!* Uma das grandes dádivas da influência instantânea, como minha amiga Yvonne descobriu, é a maneira como ela frequentemente nos surpreende com novos *insights* sobre nós mesmos. Motivações recém-descobertas têm cinética própria, e não demora nada até que estejamos realizando façanhas prodigiosas, às vezes, de forma um tanto inesperada. "Oh", você pode dizer a si mesmo, "não fazia ideia que achava *isso*. Não tinha ideia de que queria *isso*. Nunca me imaginei fazendo *isso*".

Nem posso contar a quantidade de vezes que comecei um processo de influência instantânea e vi o influenciado rindo, perplexo, sacudindo a cabeça, ou absorvendo um novo *insight* em assombro silencioso. Portanto, vá em frente. Pense em algo que gostaria de fazer e tem sido difícil para você; primeiro, encontre um passo pequeno e realizável; em seguida, use a influência instantânea. É quase certo que você vai se motivar para entrar em ação. Talvez também aprenda algo novo sobre quem é e o que pode realizar.

Enfoque a ação, não as decisões

Quando tentamos mudar, sentimo-nos com frequência pressionados pela prospecção de uma decisão modificadora, ou mesmo uma decisão pequena, porém difícil. O segredo é usar a influência instantânea para ajudá-lo a entrar em ação, e não tomar uma decisão. Se você quer ter mais tempo com sua família, deixe de lado a decisão radical ("Vou reformular minhas prioridades e transferir meu foco do trabalho para a família"); em vez disso, enfoque em cinco minutos de conversa com cada membro da família, uma vez por semana. Se estiver pensando em mudar seus hábitos alimentares, ignore a decisão grandiosa ("Já estou pronto para me comprometer a ser mais saudável?"); pergunte apenas a si mesmo se poderia querer acrescentar frutas frescas ou legumes à dieta semanal. Escolha algo que literalmente consiga se ver ou ouvir fazendo (uma ação), em vez de algo que só permanece em sua mente (uma decisão ou uma nova forma de pensar).

O que adoro nas grandes decisões modificadoras é que, de modo eventual, somos conduzidos a elas – gradualmente, às vezes sem sabermos – por meio de nossas ações. Permita-se focar no comportamento, e suas decisões ganharão vida própria.

Teste suas habilidades de influência instantânea: a escolha de um primeiro passo administrável

Você está se preparando para se influenciar, mas está tendo dificuldade para começar. Reformule cada uma das perguntas do Passo 1 (Por que eu poderia mudar?) com um passo menor e mais administrável:

- Por que eu poderia querer manter meu plano de alimentação para a vida toda?
- Por que poderia querer me exercitar meia hora, todo dia?
- Por que poderia querer fazer meu imposto de renda no próximo fim de semana?
- Por que poderia querer passar mais tempo com minha família?
- Por que poderia querer me conceder mais tempo para relaxar?
- Por que poderia querer organizar meu sistema de arquivo doméstico?
- Por que poderia querer pagar todas as contas em dia?

- Por que poderia querer ingressar na faculdade?
- Por que poderia querer responder a todos os meus e-mails até um dia após recebê-los?
- Por que poderia querer olhar meu armário e dar as roupas que não uso a uma loja de roupas usadas?

Possíveis respostas

Por que eu poderia querer manter meu plano de alimentação para a vida toda? "Por que poderia querer fazer uma lista de compras, caso algum dia desejasse comprar coisas para um plano de alimentação?"

Por que poderia querer me exercitar meia hora, todo dia? "Por que poderia querer colocar minhas roupas de ginástica perto da cama?"

Por que poderia querer fazer meu imposto de renda no próximo fim de semana? "Por que poderia querer colocar meus formulários do imposto de renda em minha escrivaninha?"

Por que poderia querer passar mais tempo com minha família? "Por que poderia querer passar meia hora lendo para minha filha?"

Por que poderia querer me conceder mais tempo para relaxar? "Por que poderia querer tirar cinco minutos, ao chegar em casa do trabalho, para relaxar no quarto e apenas respirar?"

Por que poderia querer organizar meu sistema de arquivo doméstico? "Por que poderia querer comprar algumas pastas coloridas de arquivo da próxima vez que for ao shopping?"

Por que poderia querer pagar todas as contas em dia? "Por que poderia querer colocar todas as contas numa única pilha da próxima vez que estiver assistindo à televisão?"

Por que eu poderia querer ingressar na faculdade? "Por que poderia querer olhar o site de uma faculdade?"

Por que poderia querer responder a todos os meus e-mails até um dia após recebê-los? "Por que poderia querer responder a dois e-mails hoje?"

Por que poderia querer olhar meu armário e dar as roupas que não uso a uma loja de roupas usadas? "Por que poderia querer procurar o telefone de uma loja de roupas usadas?"

HISTÓRIA DE SUCESSO: ENFIM, UMA ASSISTENTE

Apresentava um *workshop* para provedores de tratamento, oficiais de liberdade condicional, gerentes e funcionários do Departamento de Infância e Família de Connecticut. Como parte do treinamento, fiz com que todos escrevessem uma versão pessoal da influência instantânea para que vissem, em primeira mão, como o processo é poderoso. Na maior parte do tempo, escolho uma preocupação atual em minha vida e faço o processo junto com os outros, mas, desta vez, pensei em apenas acompanhar o trabalho de alguém.

Sem chance. Os profissionais do Estado, em minha sessão, não me deixariam pular nenhuma parte do treinamento que precisavam fazer. E muitos deles ainda estavam abertamente céticos quanto ao que estava propondo. Claramente, tive de ceder à minha solicitação, ou perderia toda a credibilidade.

Decidi focar em algo a respeito de que estava relutando: a contratação de uma nova assistente. Embora a Yale me conceda uma assistente para negócios da universidade, achava que deveria também contratar alguém particular, para me ajudar a administrar todos os trabalhos de consultoria.

Mas, de alguma maneira, nunca tinha tomado uma atitude. Ficava dizendo a mim mesmo que uma boa assistente seria muito difícil de achar, difícil demais de treinar e cara demais. À medida que os meses se passavam, eu havia praticamente me convencido a desistir da ideia. Então, eu decidi reconsiderar e, pela primeira vez, utilizei a influência instantânea para fazê-lo.

É claro que a lei da reatância psicológica se aplica a mim, tanto quanto a qualquer outra pessoa. Portanto, tive de me conceder algumas afirmações de reforço de autonomia. "Você não tem de fazer nada", disse a mim mesmo com firmeza. "Você não está realmente fazendo esse processo. Está apenas passando pelos gestos, para o treinamento." (Essa "omissão" – dizer a mim mesmo que o processo não contava – já provou ser uma forma muito útil de deixar de lado a resistência, e eu sinceramente recomendo a você.)

Rumo ao Passo 1. Como eu formularia minha primeira pergunta?

Primeiro, lembrei a mim mesmo de que precisava focar no comportamento, não nos resultados. Não podia me comprometer a contratar uma assistente pessoal, ou sequer encontrar uma, já que nenhum desses desfechos estaria em meu controle. Em vez disso, eu tinha que me comprometer em procurar por uma.

No entanto, a ação de buscar uma assistente pessoal parecia assustadoramente vaga, em particular por estar tão certo de que jamais encontraria uma. Disse a mim mesmo que me concentraria numa ação mais simples, como um anúncio para uma assistente pessoal. Mas até esse passo parecia grande demais.

Tentando me manter aberto à ideia de que qualquer problema pode ser potencialmente resolvido, decidi começar com o menor possível. Se quisesse contratar uma assistente pessoal, qual seria o pequeno passo não ameaçador que daria?

Fiz uma cogitação mental de ideias e montei uma lista:

- Anunciar a vaga on-line em algum lugar.
- Procurar o lugar onde anunciar.
- Escrever a descrição do cargo.
- Escolher o salário que pagaria.
- Calcular quantas horas semanais a assistente trabalharia para mim.
- Procurar no Google algumas descrições de assistentes particulares, para que pudesse redigir a minha com mais facilidade.

Essa última opinião me pareceu certa. "Por que eu poderia querer procurar descrições no Google para assistentes particulares?" Sim, esse parecia um passo bom e seguro. Não me comprometia a muita coisa e podia até me imaginar fazendo isso.

Então, se você estiver imaginando como saberá se o pequeno passo que escolheu é o certo, eis aqui duas dicas: ele dá uma sensação de segurança e você consegue se imaginar fazendo. Quando nunca fizemos algo, com frequência sentimos alguma resistência. Escolher um passo seguro é um truque para induzi-lo a fazer o processo parecer fácil.

Claro que, quando comecei a pensar no meu recém-formulado Passo 1, ("Por que eu poderia querer procurar descrições de assistentes particulares no Google?"), arranjei uma resposta que nunca tinha me ocorrido: "Porque, se contratar uma assistente particular, talvez ache alguém muito bom". *Nossa*, pensei, já surpreso. Nunca havia imaginado isso.

Comecei a anotar os seis passos de influência instantânea, assim como minha resposta a cada pergunta. Eis aqui as anotações iniciais que fiz:

> Passo 1: Por que eu poderia querer procurar descrições para assistentes particulares no Google?
>
> - Talvez encontre alguém bom.
> - Mais tempo com minha família.

O interessante é que essa última boa razão nem sequer me ocorrera, até que me dei permissão para focar na pequena ação de procurar a descrição do cargo no Google, em vez da grande ação de realmente contratar alguém. Perceba também como eu, de alguma maneira, já tinha pulado a ideia de procurar no Google, ou sequer escrever e postar a descrição da função, e havia passado à possibilidade de contratar uma assistente. Começar de algum ponto – na verdade, usando o artifício do pequeno passo – já havia me dado o impulso.

> Passo 2: Numa escala de 1 a 10, o quanto estou disposto a pesquisar no Google sobre como contratar uma assistente até sexta-feira?
>
> ~~8~~ [minha primeira resposta]
>
> 7 [o que escolhi]

Perceba como espontaneamente avancei, já planejando contratar uma assistente, e até me dei uma semana de prazo para fazê-lo. É claro que isso foi bem irrealista, em particular porque não tenho controle sobre todos os fatores envolvidos na contratação de alguém, mas esse é o tipo de empolgação que pode emergir quando você começa a usar a influência instantânea. Enquanto estiver fazendo os cinco primeiros passos, apenas se permita escrever sem censuras nem julgamento. Você está tentando entrar em contato com o *porquê* de querer fazer algo. Pode diminuir a projeção dos seus planos, se necessário, quando chegar ao *como* do Passo 6.

Passo 3: Por que não escolhi um número menor?

- De fato posso ser capaz de contratar alguém!
- Quem sabe o que vai resultar disso?
- Quero fazer isso.
- Isso pode me deixar menos ansioso quanto a todas as coisas que estão pendentes, aqui e ali.
- Pode me liberar bastante tempo.
- Não é tão caro assim.
- Pode ser divertido.
- As coisas podem ficar mais organizadas.

De novo, minhas respostas nem sempre fazem sentido lógico, e ainda estava sendo um tanto irrealista sobre a rapidez com que eu poderia fazer tudo. Mas tudo bem. Essa é a hora de escrever o que vier à cabeça. Poderia esperar até o Passo 6 para pensar no lado prático das coisas.

Passo 4: Imagine que você tenha mudado. Quais seriam os resultados positivos?

- Eu poderia focar mais tempo nas atividades intelectuais.

Foi aí que realmente comecei a me empolgar. Comecei a imaginar que contratar uma assistente particular me daria tempo livre para me concentrar na escrita, para dar seminários e falar sobre a influência instantânea para grupos – todas coisas que adoro –, porque outra pessoa estaria cuidando dos detalhes organizacionais, pelos quais não morro de amores. Perceba que não podia me permitir sentir esse tipo de entusiasmo quando ainda estava tentando me forçar a "contratar uma assistente", ou sequer "redigir um anúncio". Tive de usar um truque para entrar no processo, focando apenas na busca da descrição da função no Google. Agora sentia o quanto realmente queria uma assistente, como ter uma seria bom para mim. Todas as minhas preocupações quanto a treinar, pagar e calcular a logística estavam em segundo plano, dando lugar à minha motivação de encontrar e contratar a pessoa que me liberaria para o trabalho que adoro fazer.

- Tempo para aspectos mais gratificantes do meu trabalho.
- Faz com que eu queira organizar tudo.

Essa foi outra reação inesperada. Todo o sentido de ter uma assistente particular relacionava-se a não ter de pensar nos detalhes organizacionais. Mas, subitamente, ficava empolgado em trabalhar com essa pessoa para organizar melhor meu trabalho, embora tivesse achado que essa seria a última coisa que quisesse fazer.

- Eu seria pago mais rapidamente.

Uma assistente particular asseguraria que meus clientes fossem cobrados imediatamente. Ela não deixaria esse trabalho para depois, da maneira como faço com frequência.

- Eu posso, de fato, encontrar alguém bom.

- Confiança restabelecida.

Essa foi uma anotação rápida, mas lembro o que pensei enquanto escrevia: *Se meus filhos estiverem doentes, ainda posso conseguir trabalhar um pouco; as coisas não vão parar totalmente.*

- Folga com o imposto de renda.
- O trabalho vai render mais.
- Ajuda com as viagens.
- Relatórios de despesas.
- Reivindicações.

Agora passava ao tipo de detalhe que na verdade gostaria de colocar na descrição da função, listando as tarefas que poderia esperar que uma assistente particular fizesse. O interessante é que até o Passo 4 já tinha começado a entrar em ação para conseguir a assistente, escrevendo a descrição do cargo que apenas alguns minutos antes havia parecido tão difícil de sequer imaginar.

- Tintureiro, lavagem do carro, creche, outros compromissos.

Também descobria mais o que queria de uma assistente. Não queria apenas o tipo de ajuda administrativa que tinha através de meu departamento na Yale. Queria uma pessoa que me ajudasse com muitas tarefas de minha vida.

Passo 5: Por que esses resultados são importantes para você?

- Ajudar alguém nessa economia tão ruim!
- Talvez ajude outra pessoa a ingressar em minha área.

Essas ideias eram completamente novas para mim. Nunca antes havia pensado que contratar uma assistente poderia ser um benefício para outra pessoa.

Gostava de fato dessa ideia e estava de novo perplexo pela maneira como a influência instantânea abre as motivações que realmente são importantes para nós, mas que, de alguma forma, nunca soubemos possuir. Nossas motivações podem até tocar os mais profundos propósitos, ou o desejo de ajudar os outros. Por alguma razão, essas motivações altruístas com frequência são as mais ocultas... e mais poderosas.

- Ideias secundárias receberão atenção.
- O trabalho será realizado quando não estiver trabalhando.

Esse foi meu item favorito! Adorei a ideia de que minha assistente e eu poderíamos trabalhar em horários diferentes, mas o trabalho prosseguiria, de algum modo.

- Passar mais tempo com minha família.

Passo 6: Qual é o próximo passo, se é que há mais algum?

A essa altura, terminara o tempo que eu permitira para esse exercício, e as pessoas que treinava estavam prestes a se reunir novamente. Então meu passo seguinte se tornou: "Conte ao grupo". Quando contei, três pessoas do auditório imediatamente se ofereceram para assumir o cargo!

Acabei não contratando nenhuma delas, mas encarei a experiência como um sinal de que o processo para encontrar uma assistente talvez fosse muito mais fácil do que achei que seria.

Mais adiante, naquela semana, tive uma reunião muito frustrante sobre um projeto universitário que vinha coordenando há um tempo. Eu me vi numa Starbucks, antes de ter de seguir a outra reunião, e de fato desejava espairecer para mudar de humor. "Deixe-me apenas fazer algum tipo de trabalho que seja satisfatório", disse a mim mesmo, e acabei escrevendo uma descrição de função e postando no craigslist, sem realmente a intenção de fazê-lo. Depois de 45 minutos, recebi minha primeira resposta – e ela foi, de fato, a jovem que contratei.

Conforme o processo fechou o círculo completo, minha nova assistente escreveu um e-mail ao grupo de *trainees* que havia me empurrado a acompanhá-los no exercício, apresentando-se e agradecendo pelo papel que haviam tido em seu novo emprego. Ela estava feliz, eu estava feliz, minha família (com quem, de fato, agora teria mais tempo) estava feliz – e eu novamente via o poder da influência instantânea.

Aperfeiçoando o processo

- Continue buscando passos iniciais cada vez menores até que você encontre um que transmita sensação de segurança, ou que você possa ao menos se visualizar fazendo.
- Não julgue, nem se autocensure. Apenas esteja aberto ao processo.
- Lembre-se, explicitamente, de ignorar o ***como*** e o ***por que não***. Em vez disso, enfoque em ***por que*** quer algo.
- Espere ser arrebatado. O menor dos passos em geral desencadeia uma série de pensamentos e ideias que criam uma nova cinética.
- Prepare-se para se surpreender. É quase certo que descubra algo novo sobre as próprias razões para querer algo.
- Confie no processo. Você pode se pegar entrando em ação quase sem perceber, portanto, não sinta que precisa se forçar.

INFLUENCIANDO "FORA DA CAIXA"

As pessoas nos meus *workshops* quase sempre me questionam quanto as perguntas de influência instantânea tendem a soar ilógicas, estranhas e até "esquisitas". Acredite ou não, isso faz parte do sentido. A pesquisa sugere que quando as pessoas são confrontadas com material ilógico, estranho ou irracional – em termos científicos, material "significando ameaça" – elas tendem a chegar a conclusões melhores, em menos tempo. Aparentemente, nós trabalhamos com mais afinco, rapidez, e melhor, se nossa motivação natural de dar sentindo às coisas for estimulada antes ou durante uma tarefa para solução de problemas.

Em 2009, os pesquisadores Travis Proulx, da Universidade do Sul da Califórnia, em Santa Bárbara, e Steven Heine, da Universidade de British Columbia, conduziram um estudo no qual se solicitou a quarenta universitários que montassem um quebra-cabeça[1]. Metade dos alunos recebeu uma história *absurdista* de Franz Kafka para ler antes da tarefa; o trabalho deles no quebra-cabeça foi expressivamente mais preciso. Em média, se saíram 60% melhor que os outros alunos. Serem instigados a "pensar fora da caixa" foi bom para a habilidade na solução do problema – e acho que isso pode ser bom para você também.

Não raro, quando tentamos resolver um problema, excluímos possibilidades prematuramente, ou deixamos de ver opções que esquecemos, não notamos, ou não levamos a sério. Atemo-nos à procura de resultados imediatos, focando em como fazer algo, em vez de por que queremos fazê-lo, ou permitindo reveses temporários para nos provar que jamais conseguiremos ter o que queremos.

Em vez disso, confie no processo. Pare de se perguntar "Isso é possível?" e comece a perguntar "Por que quero isso?". Dê uma sacudida nas coisas, deliberadamente focando o comportamento que parece menos realista, ou mesmo evidentemente impraticável.

Uma vez, tentei ajudar uma colega, uma cientista pesquisadora de enxerto botânico, a conseguir um emprego em outra instituição. Ela não parecia conseguir focar na pesquisa de emprego por funções que seriam apropriadas para alguém com suas referências, por isso sugeri que se motivasse a experimentar um emprego de gerente de projetos, algo fora de seu patamar. "Por que eu poderia querer procurar um emprego em nível de gerente de projetos?" foi seu Passo 1, mesmo sabendo que ela não tinha a experiência para conseguir esse emprego.

No entanto, de alguma maneira, descobrir quanto ela queria algo que sabia não ter qualificações para buscar fez com que quisesse os empregos apropriados, e sua busca por trabalho subitamente – e de modo muito bem-sucedido – decolou. Fazer perguntas irracionais e pensar em ações ilógicas não é necessariamente o melhor plano de ação. Mas pode ser uma forma extraordinária de sacudir um pouco as coisas e descobrir a motivação que você precisa.

Um colega que tinha se divorciado, um ano antes, estava tendo dificuldade com motivação para voltar a namorar. Ele tinha até tentado usar a influência instantânea, mas sentiu que isso não havia realmente penetrado suas frustrações no cenário amoroso.

Sugeri que ele também tentasse uma abordagem um tanto irracional. Talvez seu Passo 1 fosse: "Por que eu poderia escrever uma descrição da parceira dos meus sonhos e procurar num serviço on-line de relacionamento, alguém que coincidisse exatamente com essa descrição?".

Meu amigo entendeu que esse enfoque estreito não era necessariamente a abordagem mais madura ou produtiva para namorar. Ele talvez não encontre alguém – num serviço de relacionamento ou em qualquer outro lugar – que se encaixe precisamente em todos os itens de sua lista dos sonhos; apesar disso, pode achar alguém que seja uma parceira empolgante, incentivadora e amável. Mas dar a si mesmo permissão para ser infantil e irracional libertou sua mente, e ele entendeu com muito mais clareza que atributos de fato importavam. Ao contrário de suas fantasias iniciais, ele soube que realmente não precisava de uma parceira arrebatadoramente linda, que fosse uma cozinheira fabulosa ou fã incondicional de esportes. Descobriu que na verdade o que importava era encontrar uma pessoa afetuosa, animada e dedicada a ele e, ao mesmo tempo, independente e dedicada à própria carreira.

Munido de nova clareza e foco, meu amigo foi capaz de escrever um anúncio melhor e realizar um trabalho muito melhor ao entrevistar potenciais candidatas. Mais importante: também ficou atento, em busca daquela mulher na vida diária – uma abordagem proativa e otimista de relacionamento que previamente lhe parecia fora de alcance. Ele ainda não a encontrou, mas está desfrutando da busca mais do que poderia conceber, e, pelo que vejo, está procurando de maneira a lhe garantir as melhores chances de encontrar o que quer.

MANTENDO-NOS VERDADEIROS AO PROPÓSITO SUPERIOR

Uma das coisas que sempre me impressionam é o modo como as pessoas presumem que nossos motivos mais profundos e verdadeiros são egoístas. O desejo de fazer algo por outra pessoa – seja um ente amado, um estranho, ou para a comunidade – é, de alguma forma, mais suspeito do que desejar fazer algo puramente para si mesmo.

Depois de décadas usando a técnica de influência instantânea comigo e outros, eu descobri que nossos motivos mais profundos nem sempre são egoístas. Às vezes, nossas vontades verdadeiras surgem de nossos ideais mais altos e nobres, ao desejarmos o melhor para nossos familiares, amigos, vizinhos e cocidadãos. Às vezes, também não conseguimos verdadeiramente pegar nossos motivos reais para fazer algo, a menos que estejamos abertos à natureza generosa e coletiva de nossos desejos mais profundos. Conforme pensar no que mais quer e em como se inspirar a buscar isso, mantenha-se aberto à possibilidade de que, ao fazê-lo, você também está procurando ajudar outras pessoas.

Capítulo Cinco

INFLUENCIANDO GENTE QUE QUER MUDAR

SE ALGUÉM QUER MUDAR, MAS AINDA NÃO O FEZ, RECORRA AO PROCESSO DE INFLUÊNCIA instantânea. Reforce a autonomia dele, faça os seis passos e trabalhe com ele em um plano de ação. (Abrangeremos os planos de ação em detalhes no Capítulo 9.) Na maioria das vezes, isso funciona, mas e se não funcionar? E se alguém disser que quer mudar, mas não parecer entrar em ação? E se você mesmo estiver tentando entrar em ação, sem conseguir começar?

Em minha experiência, há três motivos principais para que pessoas aparentemente motivadas travem:

1. Falta-lhes as habilidades para seguir adiante.
2. É a hora ou situação errada para entrar em ação.
3. Elas não identificaram seus verdadeiros desejos.

HABILIDADE *VERSUS* VONTADE

Como vimos, em geral enfocamos muito no *como*, quando realmente deveríamos olhar para o *porquê*. Mas, às vezes, o *como* é o problema, e adquirir as habilidades pode ser tudo de que precisamos para fazer a bola rolar.

Como você pode saber se o problema é habilidade ou vontade? A seguir estão algumas perguntas para ajudá-lo a descobrir. Você pode usá-las para determinar se deve tentar a influência instantânea uma ou duas vezes, ou se, em vez disso, deve focar na ajuda ao influenciado para adquirir habilidades. Você pode fazer essas perguntas sobre qualquer um: um colega, um funcionário, um ente amado, até você mesmo.

- *Você tem a informação e o treinamento de que precisa?* Se desejamos fazer mudanças, mas ainda não entramos em ação, talvez só não saibamos o que fazer. Como resultado, talvez percamos a motivação, mas, assim que tivermos o que precisamos, o entusiasmo volta.

- *Você consultou um especialista?* Especialistas podem identificar se o problema é habilidade ou vontade. Eles também podem ajudá-lo, ou ao influenciado, a adquirir qualquer habilidade necessária.

- *Você já focou na habilidade?* Pense num supervisor que identifica o problema de uma funcionária como falta de habilidade e a envia a um treinamento interno. Se a funcionária voltar com renovada confiança em suas habilidades e motivada a trabalhar bem, o problema era claramente habilidade. Mas, se ela volta frustrada e desmoralizada, ou apresentando uma explosão inicial de entusiasmo, depois ficando desanimada, é possível que a vontade seja a questão. Uma opção é mandá-la a outro treinamento, depois usar a influência instantânea para motivá-la a se engajar mais inteiramente. Ou você talvez possa mudar de rumo e focar na motivação da funcionária, usando o processo de influência instantânea para abordar seu comportamento mais desafiador.

HORA ERRADA, LUGAR ERRADO

Em geral, se de fato queremos fazer algo, encontramos uma maneira de fazê-lo, ou, ao menos, damos o primeiro passo. No entanto, às vezes, a pessoa pode realmente querer entrar em ação, mas também pode ter motivos muito bons para não fazê-lo. Antes de fazer quaisquer suposições sobre seu nível de motivação – e antes de entrar com a influência instantânea –, faça essas perguntas a você mesmo.

- *Essa é a hora certa para entrar em ação?* Ocasionalmente, fatores externos nos forçam a reordenar nossas prioridades. Uma de minhas colegas, por exemplo, estava altamente motivada a se matricular num curso de espanhol, com o objetivo de conduzir estudos na América do Sul na próxima licença.

Então, o pai de seu marido ficou com câncer e ela sentiu como se sua vida tivesse virado de cabeça para baixo. "Minhas prioridades são meus cursos, meus filhos, meu sogro", ela me disse. "Coloquei minha pesquisa em espera, junto com atividades na igreja e quase todo o restante. Não vou pensar em voltar ao normal até três meses depois que ele tiver terminado a radioterapia – mesmo então, terei de rever."

Claro que esse é um exemplo extremo, mas faz sentido: às vezes, até mesmo a mais poderosa motivação tem de ficar em segundo plano, dando lugar a um novo conjunto de prioridades imperativas. Minha colega estava verdadeiramente motivada a melhorar seu espanhol, mas escolheu esperar antes de agir nesse intuito. À época, outras questões eram mais importantes.

Se a situação parecer familiar a que alguém que você conhece está vivendo, pergunte, periodicamente, sobre a intenção que essa pessoa tem de mudar. Depois, use seus instintos para avaliar as respostas. Se o que ouvir é uma pessoa motivada, fazendo escolhas claras e estabelecendo prioridades apropriadas, está tudo bem; não faça nada. Se ela, no entanto, parecer em conflito, peça permissão para empreender uma conversa de influência instantânea e veja se consegue ajudá-la a voltar aos trilhos.

- *Ele já está obtendo treinamento adicional ou fazendo algum trabalho interno?* O progresso nem sempre é óbvio, mesmo para nós. É possível que estejamos motivados a fazer algo, mas não estejamos verdadeiramente prontos para começar – não porque reformulamos prioridades, como minha amiga fez, mas porque estamos nos preparando em um nível que não conseguimos observar. A motivação é como uma semente que irrompe e começa a crescer ainda embaixo da terra. Podemos saber que ela está ali, mas nem sempre confiamos que um dia brotará em direção à luz.

Em alguns casos, podemos estar plenamente conscientes de que precisamos de mais treinamento e experiência, e estamos conscientemente trabalhando para adquirir essas habilidades, credenciais e preparo emocional. Nossos supervisores, colegas, amigos e cônjuges podem não perceber o que fazemos, porque estamos, de modo deliberado, mantendo discrição quanto à preparação, ou não queremos fazer estardalhaço a respeito.

Em outros casos, desconhecidos até para nós mesmos, podemos estar nos preparando em silêncio para um novo desafio. Temos contato com nossa motivação e sabemos o que verdadeiramente queremos; no entanto, na superfície, nada mudou. Levará um tempo até que a semente que plantamos brote e dê frutos; até lá, ela permanecerá escondida.

Se isso soa como a situação de alguém que você conhece, pergunte se ele está pronto para começar a mudança que mencionou. Se parecer calmo e confortável com a pergunta, provavelmente está no caminho certo. Se parecer aborrecido, agitado, ou caso se feche, considere pedir sua permissão para empreender uma conversa de influência instantânea, para incitar sua motivação.

- *Ele começou a buscar um novo objetivo, ou a fazer uma mudança, de um modo que não é óbvio para mim?* Às vezes, esperamos que as pessoas anunciem o que estão fazendo; às vezes, até esperamos isso de nós mesmos. Pense, por um momento, sobre mudanças que você se viu fazendo, sem sequer saber como começaram, em transformações que pareciam acontecer sozinhas, e todas as vezes que você estava mudando, de formas que outros não notavam. Comumente, a mudança só fica óbvia depois do fato.

Se isso parece acontecer com alguém que você conhece, olhe com a maior objetividade para as ações da pessoa e pergunte a você mesmo o que elas acrescentam. Você pode se surpreender ao ver que, ao contrário do que ela pode dizer, está ocorrendo uma mudança. Se sentir que a mudança não está acontecendo, considere uma conversa de influência instantânea, mas continue aberto para a possibilidade de que mudanças que você não vê podem estar acontecendo.

- *Será que ele suprimiu sua motivação por conta da minúscula autonomia, ou muito confronto que experimentou?* Isso pode acontecer a qualquer um, quando outros ameaçam nosso senso de segurança emocional. Ninguém gosta que lhe digam o que e como pensar, e o que fazer. Independente do quão motivado nós estejamos para agir, ameaças excessivas à nossa autonomia provavelmente irão desencadear a lei da reatância psicológica, tornando literalmente impossível que acessemos nossa autonomia.

Se isso soa familiar ao que ocorre com alguém que você conhece, faça de sua prioridade máxima restaurar a autonomia da outra pessoa. Comprometa-se a tomar essa atitude primeiro, em vez de tentar fazer com que a pessoa realize uma tarefa ou promova uma mudança. Se ela algum dia for acessar sua verdadeira motivação, precisa verdadeiramente sentir que é *sua* motivação, não algo que lhe foi imposto por outra pessoa.

Se alguém tentou e falhou

Às vezes, uma pessoa que está genuinamente motivada a entrar em ação, perde a fé em si mesma. Ela pode precisar de incentivo. Eis aqui algumas formas de reforço à autonomia para expressar sua crença em alguém:

- Você obviamente está muito motivada para mudar, porque aqui estamos nós, falando sobre isso. Já que você quer que as coisas sejam diferentes, elas certamente podem ser. Se decidir que pode fazer algo, você decididamente pode fazê-lo.
- Se pudesse fazer essa coisa que acha que não pode, iria querer fazer?
- Não vamos nos preocupar como os outros veem seu sucesso ou fracasso – vamos focar no que ***você*** quer e por que quer.
- Por enquanto, não vamos abordar seu desejo de descobrir o que é realista. Vamos apenas olhar para o que você quer.
- Acredito que você possa mudar seu futuro se for motivado; portanto, vamos trabalhar nisso juntos, se é o que você quer.

ACESSANDO SEUS VERDADEIROS DESEJOS

Um aspecto-chave da influência instantânea é a perplexidade que as pessoas sentem quando ouvem a si mesmas dizerem que querem fazer algo, por um motivo que ainda não haviam identificado. Pessoas que são abertamente resistentes dizem que não querem mudar, mas se surpreendem quando descobrem que querem. Ficam ainda mais surpresas quando percebem o motivo.

Mas e se você já souber que quer mudar e até souber os motivos? ("Eu preciso ser mais organizado, ou sempre estarei estressado!", "Quero fazer meu dever de casa, pai, porque sei que é importante tirar nota boa – não sei por que nunca consigo fazer", "Eu realmente quero colocar aqueles e-mails em dia – detesto deixar as pessoas esperando".) Talvez você tenha que olhar um pouquinho mais fundo para encontrar a surpreendente verdade que realmente o colocará em ação.

Essa foi a experiência que teve Yvonne, minha amiga escritora, conforme vimos no capítulo anterior. Ela estava altamente motivada para ter seu trabalho feito a tempo e achava que sabia o motivo (orgulho profissional, ter mais tempo livre, evitar estresse). Na verdade, o verdadeiro motivo – vingança – estava mais no fundo. Ela teve de refletir um pouquinho mais até descobri-lo.

Mas talvez o problema esteja em outro lugar. Talvez realmente não queiramos o que achávamos que queríamos. Talvez quiséssemos avançar o máximo possível na empresa; agora, só queremos tempo com nossas famílias. Talvez tenhamos sonhado em fazer faculdade; agora queremos mudar totalmente de carreira.

Às vezes, inventamos um falso desejo, de modo a evitar um problema real. Em vez de confrontar nosso chefe sobre uma promoção cobiçada, fantasiamos em montar o próprio negócio, mas nunca chegamos a dar início ao plano. Em vez de abordarmos um problema em nosso casamento, focamos no quanto queremos filhos, mas, de alguma maneira, nunca conseguimos marcar uma consulta com o médico de fertilidade. Nosso problema não é falta de motivação, mas de clareza.

De modo ocasional, assumimos os desejos de pessoas ao redor – pais, parceiros, até amigos – em vez de reconhecermos nossos verdadeiros desejos. Acreditamos nesses sonhos falsos, depois nos perguntamos por que nunca parecemos entrar em ação para torná-los realidade. Com frequência, nossos desejos verdadeiros nos assustam, ou por parecerem difíceis de conseguir ou porque consegui-los agitaria as coisas em outros aspectos de nossa vida.

Em cada uma dessas situações, nosso desafio é descobrir o que realmente queremos. Se você diz que quer algo, mas se pega sentindo-se emperrado – antes ou depois que você tenha usado o processo de influência instantânea –, o próximo exercício talvez o ajude a descobrir o que você realmente quer. E a resposta pode surpreendê-lo.

O que realmente quero e por quê?

Permita-se pelo menos meia hora de quietude ininterrupta para completar esse exercício.

1. Identifique algo que gostaria de fazer – uma ação específica concreta. Se seu objetivo é perder peso, talvez você queira escolher algo como "seguir meu plano de dieta por uma semana". Se seu objetivo é deixar de se atrasar, talvez você possa escolher "chegar no horário, em meus três próximos compromissos".
2. Pegue uma folha de papel e algo para escrever nela. (Você pode fazer esse exercício no computador, se preferir, mas há algo no empenho físico da escrita que toca mais profundamente os nossos pensamentos e sentimentos.) Escreva a seguinte pergunta: Por que gostaria de [citar objetivo]?
3. Responda o mais rápido que puder. Não pare de escrever até que tenha preenchido a folha inteira. Se ficar sem ter o que dizer, escreva "eu não sei o que dizer" e continue fazendo isso, até que tenha uma nova ideia. Alternativamente, pergunte a si mesmo por que talvez possa se beneficiar do último motivo que escreveu, depois escreva a respeito.

Esse é um exercício útil para acessar pensamentos e sentimentos que você não sabia possuir. Talvez você ache essa técnica particularmente eficaz, quando estiver usando a influência instantânea em si mesmo e chegar ao Passo 4 (Imagine que você tenha mudado. Quais seriam os resultados positivos?)ou o Passo 5 (Por que esses resultados são importantes para você?).

A TIRANIA DO *DEVE*

Às vezes, uma pessoa que realmente quer mudar está encurralada pelo *deve*. Como vimos, a parte de reforço da autonomia na influência instantânea e os "cinco porquês" (veja o Capítulo 3 para relembrar) são elaborados para ajudar a eliminar o *deve*, deixando apenas os motivos pessoais para se entrar em ação.

Um colega relutava com a correção de trabalhos de seus alunos de forma oportuna. Começamos uma conversa de influência instantânea durante a qual ele me apresentou uma longa lista de razões para isso. Sentimentos pessoais foram entremeados ao uso liberal do *deve*: professores *devem* entregar seus trabalhos no prazo; alunos *devem* ser tratados com respeito; o reitor tinha o *direito* de esperar que ele cumprisse suas obrigações; seus colegas tiveram de entregar o trabalho no prazo, portanto, ele também *deveria*. Enfim filtramos as obrigações para descobrir seu verdadeiro motivo para corrigir os trabalhos no prazo: ajudar os alunos a entender como expressar suas ideias por escrito, de modo que um dia ele pudesse lhes dar boas-vindas em seu campo.

– Se essa era a sua única razão, você provavelmente teria terminado sua correção a tempo, em todos os semestres – disse-lhe.

– Então, por que não o fiz? – ele perguntou.

Eu ri.

– Por conta de todas as *outras* razões!

Não que as outras razões não fossem válidas. Elas apenas não tinham um valor profundo e pessoal, embora ele achasse que *deveriam* ter.

Não morda a isca

Eis aqui algumas frases que sempre ouço durante conversas sobre influência instantânea, para que não seja pego na armadilha do ***deve***. Fique especialmente atento se a pessoa disser que ela deve fazer o que ***você*** acha que ela deve fazer, como entrar num programa de tratamento ou, no caso dos meus filhos, fazer o dever de casa antes de treinar basquete. Aprendi a não encarar esse tipo de "deve" superficial como as verdadeiras razões que produzirão mudanças reais e duradouras.

Não aceite razões que incluam as seguintes frases:

- Eu deveria...
- Eu sei que deveria...
- Eu gostaria de poder...
- Eu preciso ser mais responsável porque...
- É esperado que eu...
- Outros se sentirão [como] se eu não [fizer o quê].

Teste suas habilidades de influência instantânea: identificação de um obstáculo

Pense em três pessoas que você conhece, talvez incluindo você mesmo, que tenham dito que querem mudar, mas não conseguem. Para cada pessoa, identifique um motivo para que você não veja qualquer sinal de mudança:

- Falta de motivação.
- Falta de habilidade, recursos ou assistência.
- Elas têm outras prioridades que são genuinamente mais importantes.
- Elas estão em processo de adquirir habilidades, recursos, ou respaldo emocional.
- Elas estão mudando de maneira que não consigo reconhecer.
- Elas realmente não querem fazer as mudanças às quais supostamente se comprometeram.

Depois de ter identificado um motivo potencial para que cada pessoa não esteja entrando em ação, identifique como pode ajudá-las da melhor maneira. Suas respostas podem incluir:

- Ajude-as a adquirir habilidades, recursos ou a assistência necessária.
- Apoie seus empenhos atuais.

- Ajude-as a identificar o que realmente querem.
- Tenha uma conversa de influência instantânea com elas, para ajudá-las a entrar em ação.

Pode ser desafiador ouvir as pessoas dizerem que querem mudar e ver que não fazem nada para alcançar seu objetivo. Tente se manter calmo e imparcial. Uma das primeiras lições que um terapeuta precisa aprender é não querer mais para o paciente do que ele quer para si. Esse também é um ponto importante a ser lembrado, quando for usada a influência instantânea.

MANTENDO A PERSPECTIVA

Um dos meus maiores desafios ao ajudar pessoas a se motivarem é resistir ao meu impulso de guiá-las na direção das ações que acho que precisam tomar. Quando você está lidando com pessoas que têm vícios em drogas, problemas com álcool, disfunções alimentares ou graves problemas psiquiátricos, é tentador pensar que você deveria lhes vender o curso de ação que sabe que elas precisam, em particular quando ficam dizendo o quanto querem mudar.

O problema com esse impulso é quanta frustração e angústia isso pode causar. Sei que um alcóolico problemático deve ter tratamento, e me parte o coração quando ele não concorda. Tenho certeza de que uma usuária habitual de drogas deve ingressar num programa de reabilitação que encontrei para ela e fico decepcionado quando se recusa a ir. Bem no começo de minha carreira de terapeuta, percebi que tinha de arranjar outra abordagem. De outro modo, iria me exaurir e também não ajudaria meus pacientes.

Uma médica precisa entender que sua função não é salvar o paciente, mas ajudá-lo a tomar a decisão mais bem informada possível. De outro modo, o médico fica preso à uma discussão infrutífera, tentando convencer um paciente cada vez mais resistente a fazer algo que ele teima em se recusar a fazer. Apenas se comprometendo por completo com a autonomia do paciente e verdadeiramente acreditando que "todos já possuem motivação suficiente" um médico pode ajudá-lo a escolher o próprio caminho, o que pode ou não incluir o tratamento que o médico considera o melhor.

Ajudando meus influenciados a tomarem as decisões mais bem informadas. Percebi que essa tinha de ser minha motivação, e o convido a pensar se também não deve ser a sua. Ajudando alguém com vício em drogas ou dever de casa, alcoolismo ou protocolos de vendas, você pode achar mais fácil e produtivo focar num objetivo que respeite a autonomia da outra pessoa e o ajude a aceitar os limites de seu poder.

Capítulo Seis

INFLUENCIANDO GENTE QUE NÃO QUER MUDAR

QUANDO ENSINO O MÉTODO DE INFLUÊNCIA INSTANTÂNEA A PESSOAS ACOSTU-madas a lidar com clientes e empregados difíceis, não raro ouço muitas objeções.

– Ah, claro – dizem eles –, isso funciona muito bem com gente que já está motivada e precisa apenas perceber esse fato. Mas você deveria ver as pessoas com quem *eu* tenho de lidar. Isso jamais vai funcionar com *elas*.

Quando você está lidando com gente resistente, pode ser difícil acreditar que essa ou aquela abordagem vá ajudar. Algumas pessoas parecem inflexíveis na recusa à mudança e, talvez, também em seu ressentimento, frustração e aparente indiferença. Mas eu lhe prometo que a influência instantânea funciona quase cem por cento do tempo.

Se ainda estiver cético a respeito, tenha em mente quem é que recebe casos impossíveis: alcoólicos que "fracassaram" em todos os tratamentos de reabilitação; o sem-teto, viciado em heroína, que está sentado numa maca na unidade de emergência; o comedor compulsivo de 150 quilos que nunca conseguiu controlar a ingestão de comida. Se a influência instantânea funciona para gente assim, ela pode funcionar para as pessoas resistentes de sua vida, sejam elas colegas, vizinhos ou entes amados.

Um benefício adicional da influência instantânea no local de trabalho é que ela faz muito mais do que reforçar a condescendência. Também ajuda as pessoas a descobrirem as próprias razões para trabalhar com afinco, seguir regras da companhia e dar contribuições positivas. Em vez de um serviçal, que faz o mínimo possível e vai empurrando com a barriga, você terá um empregado ativamente engajado a um compromisso verdadeiro e pessoal com o trabalho.

Ainda cético? Como vimos na Introdução, meu pai é uma das pessoas mais teimosas e determinadas que já conheci – e, acredite, seu filho é a última pessoa a lhe dizer o que fazer. No entanto, pude usar a abordagem da influência instantânea para ajudá-lo a decidir a parar de fumar, algo que ele sempre afirmou não ter o menor interesse em realizar.

HISTÓRIA DE SUCESSO: DEIXANDO UM VÍCIO

Meu pai havia sido fumante a vida toda. Quando estava com setenta e poucos anos, comecei a me preocupar com ele. Ele vinha lutando com uma série de problemas de saúde, e a necessidade de parar de fumar parecia urgente.

Não era por não ter tentado fazê-lo parar antes. Na verdade, quando era criança, eu tentava: destruía e jogava fora os cigarros dele. Já como um jovem adulto, eu lhe pedia diretamente – quando não fazia exigências ou ministrava sermões. Como um homem de meia-idade, recorria à raiva, comentários sarcásticos, em particular quando tinha de lembrá-lo que não o queria fumando perto de meus filhos. Tentei o "dizer e vender", e incontáveis mensagens altamente ameaçadoras; se houvesse outros meios equivocados para abordar meu pai, tenho certeza de que teria tentado também. A única abordagem que não havia experimentado era a influência instantânea. E na época em que a desenvolvi, estava zangado demais para usá-la.

Um dia, minha esposa e eu levamos meus filhos para visitar meu pai. Havíamos acabado de ter um almoço agradável. Então, como sempre, meu pai acendeu um cigarro.

Meu coração se apertou. Estava muito preocupado com ele. Achei que enfim tivesse crescido o suficiente para confrontá-lo com calma, usando a abordagem na qual passara a confiar.

Mas aquele era meu pai, o homem mais teimoso que conhecia. Nunca ouvia ninguém, muito menos eu.

Ainda assim, havia criado a influência instantânea para ajudar pessoas a agir segundos seus objetivos mais importantes. E o que poderia ser mais importante que uma boa saúde? Amava meu pai e desejava ajudá-lo, portanto tinha de experimentar. Mergulhei de cabeça.

– Pai, estou preocupado com o cigarro.

Meu pai imediatamente ficou na defensiva.

– Foi para isso que veio aqui? Deixe-me em paz. Todo mundo tem de morrer de alguma coisa!

Sabia que um dos aspectos mais importantes da influência instantânea era estabelecer o respeito pela autonomia da outra pessoa, principalmente ao lidar com alguém que insistia em não querer mudar. Também sabia que, para que o processo funcionasse – para que meu pai descobrisse as próprias razões para parar de fumar –, devia ser direto quanto a meu programa, mesmo enquanto reforçasse seu direito de tomar as próprias decisões.

– Não, pai – respondi com cuidado. – Não vim aqui com a intenção de ter essa conversa. Mas estou preocupado com você. Sei que o incomodei no passado sobre isso, mas hoje tenho uma pergunta diferente, se não se importa...

Meu pai não queria saber.

– Por que todo mundo tem de pegar no meu pé por causa do cigarro? – ele se alterou. – Não quero ser incomodado com pergunta nenhuma!

Embora respeitasse sua autonomia, não o deixaria escapar sem luta.

– Só uma pergunta, por favor – pedi –, e o deixarei em paz. Você não quer ser incomodado, e eu compreendo. Então, deixe-me fazer apenas uma pergunta. Depois, prometo parar. Não tocarei mais no assunto durante essa minha visita.

Meu pai suspirou alto.

– Vá em frente – disse ele, a voz em tom sofredor. – Pode atirar.

Respirei fundo.

– Se um dia decidisse parar – e você não precisa, pai; a escolha é sua. Mas, se fosse fazer essa escolha, qual seria a razão? (Passo 1: Por que você poderia querer mudar?)

Meu pai apontou o maço de cigarros, que, como sempre, estava perto de sua mão.

– Você sabe o quanto é difícil largar esse troço?

Arrá! A primeira centelha de motivação. Para a maioria das pessoas, poderia soar como uma discussão, como total relutância à mudança. Porém, depois de anos de trabalho com a influência instantânea, pude sentir uma diminuta abertura que meu pai acabara de me dar.

– Então – quase sussurrei –, vejo que está dizendo que pararia, se pudesse. Só que é difícil.

Meu pai desconfiou de que houvesse algum truque, mas não conseguia entender qual era.

– É – concordou ele, rabugento. – Já tentei provar pra você o quanto é difícil, mas você não entende.

– Entendo sim – disse. – Lembrei-me de que deveria refletir ou espelhar, tanto a resistência quanto a motivação. – Está dizendo que é difícil parar, por isso acha que não consegue, mesmo querendo. Mas fiz uma pergunta diferente. O que perguntei foi *por que* você poderia desejar parar, se quisesse. Não estou perguntando o quanto pode ser difícil, e sim o que o levaria a fazê-lo. Quais seriam suas razões?

Meu pai voltou a ficar irritado.

– Você me deixaria em paz se finalmente eu parasse?

– Ah, pai, você sabe que nunca o deixarei em paz. Mas essa não é a questão. Qual seria o motivo pessoal para que parasse de fumar – um motivo importante não para mim, mas para você?

– Acha que gosto de levantar todo dia tossindo os miolos pela boca? – disse-me ele. – Acredite, gostaria de não precisar passar por isso.

Apesar da relutância inicial de meu pai, havíamos cruzado uma linha importante. Antes, ele tinha dito que não queria nem falar sobre parar. Agora me dizia que desejava parar, mas acreditava que não conseguiria.

– Bem – falei, continuando a refletir a motivação –, um motivo para que você parasse de fumar é que se sentiria melhor e não tossiria tanto?

– Acho que sim.

– Certo. Agora, espere um segundo, pai. Eu disse que só faria uma pergunta, depois pararia se você quisesse. Posso continuar?

Meu pai voltou a suspirar ruidosamente.

– Tá, tanto faz – ele falou.

Isso era importante. Sabia que para lidar com uma pessoa que insistia em não querer mudar, a permissão e a autonomia eram peças-chave. Tinha de continuar a obter a permissão de meu pai para continuar; de outro modo, ele diria que o estava incomodando, e estaria certo. Podia vê-lo lentamente entrar em contato com o *próprio* desejo de parar de fumar. Mas, se eu forçasse a conversa, ele só se sentiria frustrado comigo e *meus* desejos e anseios. Jamais encontraria a motivação necessária para fazer essa mudança.

Se não houvesse obtido permissão para continuar, teria mantido minha promessa e não voltaria a tocar no assunto durante essa visita – embora talvez fosse pedir sua permissão para voltar a falar a respeito em outra ocasião. Provavelmente, apenas aguardaria outro momento, mas também lhe pediria permissão.

Prossegui para fazer outra pergunta, uma versão do Passo 2: O quanto você está disposto a mudar (numa escala de 1 a 10, em que 1 significa "nem um pingo de disposição" e 10, "totalmente disposto")? Resolvi pegar a menor redução possível em relação ao assunto para fazer a pergunta.

– Certo, pai – disse. – Aqui vai uma pergunta bem sentimental. O quanto você estaria disposto a diminuir apenas dois cigarros por semana?

– Ei – disse-me ele –, se parasse, seria de uma só vez. Ou faço, ou não faço. Comigo é assim. Sou um homem de atitude.

– Acredito em você – falei, continuando a refletir o que me dissera. – E sei que é difícil. Então, se 1 significa "nem um pingo de disposição" e 10, "totalmente disposto", o quanto estaria disposto a diminuir apenas dois cigarros por semana?

– Só dois cigarros por semana não seria nada difícil! – insistiu meu pai, mudando totalmente de postura. – Eu consigo. Acho que estou no 6. Talvez até 7.

– Certo – respondi, passando ao Passo 3. – Por que não escolheu um número menor?

– O que quer dizer com um número *menor*? Achei que estivesse de acordo com isso!

Como você pode ver, cada vez que eu fazia uma das perguntas, meu pai ficava meio atrapalhado. Às vezes sentia-se confuso; em outras, ficava surpreso; às vezes não conseguia acompanhar o que eu lhe perguntava. Isso é parte do poder da influência instantânea, principalmente com gente resistente. Sacudi-los da maneira habitual de pensar lhes permite ver coisas sob uma nova ótica e talvez entrar em contato com alguns sentimentos, pensamentos e desejos que não sabiam possuir. Claramente, meu pai desejava parar de fumar. Apenas achava que não conseguiria, e decididamente não gostava da ideia de meu irmão e eu pressioná-lo.

– Não estamos falando do que eu quero – lembrei. – Você escolheu 6 ou 7, portanto, eu me pergunto por que escolheu esses números, e não um número menor.

– Bem, isso é fácil – respondeu meu pai em tom debochado. – Porque vai me poupar um dinheirinho se eu parar de fumar. Mesmo que eu corte um ou dois cigarros por semana. – Deteve-se para pensar na ideia. – Se algum dia eu quisesse parar, essa com certeza seria a maneira mais fácil de fazê-lo. Ir diminuindo, aos pouquinhos... aposto que nem sentiria.

Ironicamente, se houvesse começado aconselhando-o a parar aos poucos, era quase certo que meu pai teria rejeitado a ideia, do mesmo modo que havia rejeitado todas as minhas outras sugestões para o assunto. Ele não precisava dos meus conselhos – precisava entrar em contato com suas razões para diminuir o número de cigarros.

Hora do Passo 4: Imagine que você tenha mudado. Quais seriam os resultados positivos?

– Então, pai – continuei –, imaginemos que, quando eu voltar para vê-lo, mês que vem, você esteja fumando oito cigarros a menos por mês. Você conseguiu e foi muito bem...

Antes que eu pudesse terminar a frase, meu pai interrompeu:

– Posso fazer muito melhor que isso!

Eis algo que tenho notado com frequência com gente que diz não querer mudar. Uma vez que descobrem as próprias motivações para se portarem de maneira diferente, precisam encontrar um jeito de provar a si mesmos que foi ideia deles. Em geral, fazem isso aumentando o objetivo. Se pedir um relatório para sexta-feira, eles lhe darão na quarta. Se sugerir que escrevam uma carta de proposta de emprego, escreverão quatro. Ou, no caso do meu pai, sugeri eliminar dois cigarros semanais e ele insistiu que poderia diminuir mais.

– Está bem – falei –, quantos você quiser cortar... E se fosse capaz de fazer isso?

Meu pai fazia as contas mentalmente.

– Poderia baixar para meio maço – disse ele.

– Você parece empolgado – comentei.

– Ah, não tenho certeza se realmente farei.

– Bem, imagine isso feito. Imagine daqui a um mês. O que você vê?

Meu pai olhou para o cigarro em sua mão.

– Não estaria fumando neste momento – ele falou, quase triste.

Entrei com o Passo 5 (Por que esses resultados são importantes para você?):

– Você não estaria fumando neste momento – repeti. – Por que isso seria bom pra você?

Houve uma longa pausa. Precisei recorrer a todo o meu treinamento para não falar. Em vez disso, fiquei contando baixinho, forçando-me a continuar quieto, para que meu pai tivesse o tempo que precisasse para relutar sozinho com esse problema.

Enfim, ele respondeu:

– Porque estaria no quintal dos fundos com meus netos, neste momento, em vez de fazer os pobres garotos me esperarem fumar outro cigarro.

Dois passos à frente e um para trás...

No espaço de uma conversa de sete minutos, meu pai tinha passado de uma resistência absoluta a uma poderosa descoberta de seu motivo mais importante para parar de fumar. Assim que parou de discutir comigo por incomodá-lo, teve a chance de perceber o quanto queria desistir do vício que o afastava dos netos. E os próprios motivos o capacitaram a agir.

Ao mesmo tempo, meu pai, assim como muitas pessoas que são relutantes a mudar, quis recuperar o controle da conversa. Então, quando avançamos ao Passo 6 (Qual é o próximo passo, se é que há mais algum?), ele encontrou um meio de tornar o objetivo algo dele, minimizando minha participação.

– Meu amigo me falou de uma nova medicação que eu deveria tomar para parar de fumar – contou-me. – Vou perguntar ao meu médico a respeito. Já que você é tão esperto, Michael, por que não me falou sobre esse remédio? Por que não me disse, já que é o grande psicólogo de Yale?

Digo isso não para criticar meu pai, que seguiu em frente, com sua teimosia carismática, para diminuir os cigarros e acabar parando de fumar, mas sim para alertar o leitor sobre essa possibilidade. Esteja preparado para todo tipo de crítica e negatividade, mesmo que uma ação positiva seja tomada. É claro que você pode receber gratidão, apreço e admiração. Porém, é mais provável que, com os resultados positivos, também receba mais do seguinte:

- Lembretes de que o influenciado criou a ideia que gerou a influência, e não você.
- Insistência de que farão isso do jeito deles, não do seu.
- Referências às suas falhas, defeitos e erros.
- Crítica a algo que você tenha feito e de que não gostaram, para compensar a conversa produtiva que acabaram de ter.
- Acusações de que você poderia tê-los motivado a mudar antes, mas, por conta de sua incompetência ou má-fé, sonegou a ajuda.

Se você é como a maioria, vai querer contestar, discutir ou esclarecer as coisas. Tente evitar essas reações compreensíveis, e fique de olho no prêmio. Alguém que se recusou a mudar agora planeja uma mudança. Mesmo que não reconheça sua participação nisso, você acabará sendo beneficiado.

REFORÇO DE AUTONOMIA DE GENTE RESISTENTE

Como vimos no exemplo com meu pai, reforçar a autonomia é chave com gente resistente, mas é difícil de fazer. Eu ainda me pego querendo discutir, ser o certo, ou simplesmente explodir de frustração. Mas lembro a mim mesmo que nenhuma dessas reações irá me ajudar a mudar a situação. Reforçar a autonomia vai mudar – ou ao menos pode mudar (Mais sobre reforço de autonomia no Capítulo 2).

A seguir há algumas sugestões de como reforçar a autonomia de pessoas resistentes. Nem tudo é apropriado em toda situação. Escolha o que você sentir que pode dizer honestamente e repetir sinceramente, antes, durante e depois do processo de influência instantânea.

- *Afirme o direito alheio de dizer não*: "Não há o menor problema, se você não quiser fazer isso".
- *Afirme a posse da decisão do outro*: "Cabe a você", "Isso é sua decisão", "Você é quem viverá com sua decisão".
- *Denigra a mensagem*: "Embora a companhia queira isso dessa forma, e seja o padrão esperado de todos nós, posso ver que você não considera ser essa a melhor maneira...", "Talvez possa encontrar um meio diferente que funcione para você e não tenha repercussões negativas para a empresa. Gostaria que falássemos sobre seguir o sistema da companhia e gostaria que você o fizesse, mas posso entender que não ache tão bom".
- *Denigra o mensageiro* (ou seja, você): "Você é o maquinista, não eu. Só administro as condições nas quais você faz seu trabalho. Não tenho meios de saber como fazer o que você faz", "Já estive na mesma posição que você. Alguém me disse: 'Você tem que mudar isso', e eu pensei: 'Sei como fazer meu trabalho!'".

E QUANTO ÀS CONSEQUÊNCIAS?

As consequências tendem a ser uma preocupação frequente em meus *workshops*. "Não posso simplesmente deixar que meus funcionários façam o que quiserem", talvez um *trainee* proteste. "Se alguém não atende aos padrões da empresa, não deveria haver consequências?"

Os pais têm pensamentos semelhantes, assim como cônjuges frustrados, médicos com pacientes resistentes e oficiais de presos em liberdade condicional. Todos querem ter certeza de que não estão evitando responsabilidade nem deixando que alguém os pisoteie. Não conseguem acreditar que reforçar a autonomia e deixar que as pessoas tomem as próprias decisões possa de fato resultar em algo bom – ao menos, não quando se trata das pessoas difíceis que conhecem. Então, sempre perguntam: não deveria haver consequências?

– É claro – digo. – E, se alguém insiste em fazer algo contra as regras, ou algo que você realmente não aprecia, sempre há essa opção. Mas, se o medo motivasse a pessoa com quem está falando, ela provavelmente já estaria fazendo o que quer que ela faça. Medo de consequências não é, nem de perto, um fator motivador tão poderoso quanto conhecer suas razões para fazer algo. Portanto, enquanto você achar que há esperança de tocar a pessoa, o que quase sempre demora mais do que você quer, mantenha o processo de influência instantânea e lide com quaisquer consequências depois.

Se tiver de mencionar as consequências, sugiro que o faça depois que a conversa de influência instantânea for até onde puder – de preferência em uma conversa específica para o assunto, ou ao menos depois que tiver concluído o Passo 6: Qual é o próximo passo, se é que há mais algum? Por exemplo:

"Como seguiremos adiante depende de você. Você me ouviu dizer o que acho que deve acontecer a seguir. O que quero mais que qualquer coisa é que invista em suas razões. Mas não sou o único envolvido nesse processo – também tenho supervisores, que podem ter suas próprias ideias quanto ao que deve acontecer."

"O que acontece a seguir é decisão sua. Mas toda decisão tem consequências. E é parte do meu trabalho como pai assegurar que você compreenda isso."

"Entendo que tenha de fazer o melhor para você. E apoio seu direito de fazê-lo. Se de fato não estiver disposto a me ligar do escritório nas noites em que perder o jantar, posso decidir fazer outros planos de jantar durante a semana, para não ficar esperando você."

Você também pode usar o processo de influência instantânea para incentivar a outra pessoa a imaginar as consequências para ela mesma. Quando chegar ao Passo 4 (Imagine que você tenha mudado. Quais seriam os resultados positivos?), você pode formular em termos de consequências:

"Suponha que as coisas sigam em frente e seus relatórios continuem a acumular. O que acha que vai acontecer?"

"Imagine que você continue a esquecer de fazer sua parte das tarefas. O que acha que o papai fará?"

"Se continuar chegando em casa tarde e perdendo o jantar, sem sequer ligar do escritório, como acha que isso afetará nosso relacionamento?"

A pessoa resistente talvez responda de modo a colocar a responsabilidade na outra pessoa:

"Se eu continuar chegando tarde, Bailey vai anotar e receberei uma má avaliação."

"Se não fizer minhas tarefas, acho que papai vai cortar minha mesada por um tempo."

"Se não avisá-la quando chegarei em casa, vai ser meio difícil viver com você."

Então, você pode responder de maneira a devolver a responsabilidade:

"Isso parece exato: você terá se colocado em posição de receber uma má avaliação."

"Sim, você recebe sua mesada por fazer tarefas. Caso não faça, não a receberá por um tempo."

"Verdade. Se não me tratar com consideração, provavelmente não ficarei feliz com você."

O psicólogo Bill Miller, codesenvolvedor da entrevista motivacional, refere-se a isso como "deixar que a pessoa cozinhe na própria calda"[1]. Mesmo quando quiser desabafar as consequências, talvez ache mais eficaz deixar que a outra pessoa as mencione, descreva e avalie o que significam para ela.

Ações contraproducentes

As abordagens seguintes geralmente não ajudam uma pessoa resistente a ter uma ação positiva. Na verdade, elas quse sempre têm exatamente o efeito oposto:

- *Sarcasmo.* Se estiver usando afirmações de reforço à autonomia como: "Depende de você", ou "Você é quem decide", ou ainda "Isso é escolha sua", talvez pareça estar sendo sarcástico ou querendo descartar a pessoa. Assegure-se de falar num tom sincero e autêntico. Não há problema se estiver estressado, preocupado ou até zangado. Mas não seja sarcástico.
- *Manipulação.* Se disser algo como "Cabe a você tomar a decisão certa", ou "Eu sei que você fará a coisa certa", você está sugerindo que sabe o que é a coisa certa e só aguarda que a outra pessoa alcance seu raciocínio. É bem diferente de reforçar a autonomia dela. Quanto mais resistente for a outra pessoa, mais provável será que o tiro saia pela culatra.
- *Dar conselho ou assumir a liderança.* A resistência pode significar que a pessoa está ansiosa quanto a assumir responsabilidade, portanto, está tentando colocar a responsabilidade em seus ombros. Você dirá o que acha que deve acontecer, e ela resistirá. Sob ponto de vista dela, problema resolvido! Sob seu ponto de vista, você está de volta ao ponto de partida. Não morda a isca. Use o processo de influência instantânea para manter as responsabilidades da outra pessoa exclusivamente com ela, que é o lugar certo. Da mesma maneira, geralmente não ajuda dizer a alguém que é preciso começar a ter responsabilidade.

HISTÓRIA DE SUCESSO: UM PIANO É A CHAVE

Lois havia assumido recentemente uma equipe de vendas em uma empresa de eletrônicos que instituíra um novo sistema para rastrear liderança em vendas. Lois sentia que o sistema estava funcionando bem. Só um membro da equipe – um homem que chamarei de George – recusava-se com teimosia a adotar o novo procedimento.

George já tivera altos índices de vendas e um bom histórico com a companhia, mas, mesmo antes que Lois assumisse o departamento, sua performance começara a declinar. Quando Lois chegara como chefe do departamento, ele se tornara ainda mais teimoso.

– Se os números estivessem altos, talvez pudesse deixar passar – Lois me disse. – Mas ele está se arrastando *e* não está seguindo o protocolo que sei que o ajudará. Honestamente acho que ele poderia ser um bom vendedor, se seguisse o programa. Mas já falei com ele ao menos quatro vezes! Detesto ter de despedir o cara. Ele acaba de ter o terceiro filho; além disso, tem um excelente pacote rescisório, o que seria muito caro para a empresa. O que devo fazer?

Lois e eu conversamos sobre suas opções e eu lhe pedi que me mandasse um relato de seu progresso. O diálogo a seguir é baseado no que ela mandou:

GEORGE: Sou bom em vendas; não preciso seguir um sistema.

LOIS: Bem, acaba sendo decisão sua seguir ou não o novo sistema. Todos gostariam que você o seguisse, mas, tecnicamente, você não precisa fazê-lo. *[Como discutimos, Lois estava reforçando a autonomia de George. Ela sabia que tinha de depositar um empenho extra ao fazê-lo, por conta das inúmeras conversas que já tivera nas quais tentara forçá-lo a fazer as coisas de seu modo.]*

GEORGE: Então, você quer dizer que posso me dar bem sem usá-lo? *[Você consegue ouvir a centelha de motivação na afirmação dele? George não está dizendo "Bem, não vou usá-lo". Está reconhecendo que deve usar o novo sistema e que está tentando "se dar bem" com alguma coisa. Ao fazer a pergunta, ele demonstra sua consciência de que a recusa pode ter consequências.]*

LOIS: Não, talvez haja algo como resultado, mas ainda assim cabe a você julgar se as consequências possíveis são significativas o suficiente para que você siga o sistema. *[Já que o próprio George fez referência às possíveis consequências de sua recusa, Lois está sendo direta com ele, enquanto reforça sua autonomia.]* Você parece preocupado por possíveis repercussões negativas pelo não uso do sistema. Quais são suas preocupações? *[Em vez de dar um sermão em George, ou ameaçá-lo com consequências, Lois pede que ele imagine o que pode acontecer.]*

GEORGE: É... eu não sei. Na verdade, essa é a primeira vez que penso nisso. O que poderia acontecer? Estou tão perto do aumento. Não gostaria de ser afetado. *[Agora que Lois está fazendo perguntas a George e deixando que ele expresse suas preocupações, ele começa a pensar no que pode acontecer em vez de simplesmente evadir-se e resistir a ela.]*

LOIS: Bem, George, deixe-me apenas lhe perguntar, já que o que fazer é escolha sua... Se quisesse seguir o sistema – e sei que afirmou que não precisa, mas, se quisesse segui-lo –, por que poderia querer fazê-lo? *[Lois reforça a autonomia de George e segue ao Passo 1: Por que você poderia querer mudar?]*

GEORGE: Já lhe disse que não vou seguir o sistema.

LOIS: Neste momento, não estou perguntando se vai ou não fazê-lo. Sei que não gosta do sistema. Mesmo assim, gostaria de ouvir: *se* fosse segui-lo, por que talvez o fizesse? Estou interessada em ouvir sua resposta apenas de forma hipotética. *[Manter as coisas hipotéticas, enfatizando o direito de George à própria opinião, e perguntar sobre o que ele pensa, em vez de tentar vencê-lo, são as chaves aqui. Como George tem sido resistente, Lois tem de trabalhar com um reforço extra de autonomia, enfocando sua escolha e suas ideias.]*

GEORGE: Bem, isso é fácil. Se fosse seguir o sistema, eu o faria para tirar todos do meu pé e garantir meu aumento. *[George está pelo menos teoricamente considerando uma chance. Apesar de sua resistência repetida, ele está até oferecendo duas razões para mudar.]*

LOIS: Parece que há pelo menos duas recompensas potenciais aqui. Mas conte-me sobre todos "no seu pé" – isso parece difícil. *[Lois está expressando empatia, o que ajuda George a se sentir compreendido. Ela também está fazendo uma pergunta reflexiva, o que pode ajudar a fazê-lo pensar.]*

GEORGE: Isso é realmente terrível. É como se ninguém lembrasse que eu fui o melhor vendedor alguns anos atrás. Agora dizem coisas como "Lá vai o George outra vez – desobedecendo às regras". Seria bem legal se isso pudesse parar. Vir trabalhar seria bem melhor para mim. *[Tudo isso é informação nova para Lois. Ela não fazia ideia de que a opinião das pessoas sobre George o incomodavam tanto. Ela também vê o quanto significa para ele ter sido o melhor vendedor um dia.]*

LOIS: Isso realmente o incomoda. Dá pra ver por que você gostaria que isso parasse. Desse modo, por que você poderia reconsiderar usar ao menos parte do sistema? *[Por George estar tão resistente, Lois fica reestruturando o Passo 1: Por que você poderia querer mudar? Ao mesmo tempo, demonstra compreensão pelas preocupações dele, e continua a refletir, ou ecoar, qualquer possível razão que ele tenha para mudar. Já que agora eles estão, de fato, tendo uma conversa, com George compartilhando suas ideias e sentimentos, Lois acha que, pela primeira vez, podem ser capazes de se comunicar, em vez de apenas discutir.]*

GEORGE: Porque acho que há algum valor em algumas partes disso. *[Agora George está menos focado nas coisas externas – como Lois e os outros o tratam – e mais no valor inerente do comportamento em si. Esse é um sinal promissor. Ele pode fazer essa concessão porque Lois não está insistindo para que pense de seu jeito, consequentemente deixando espaço para que aprecie ao menos alguns aspectos do novo sistema.]*

LOIS: Então, George, numa escala de 1 a 10, onde 1 significa "nem um pingo disposto" e 10, "totalmente disposto", o quanto você estaria disposto a começar a seguir o sistema? *[Lois engaja George no processo usando o Passo 2: O quanto você está disposto a mudar (numa escala de 1 a 10, em que 1 significa "nem um pingo de disposição" e 10, "totalmente disposto")?]*

GEORGE: Que tipo de pergunta imbecil você está me fazendo? *[George está resistindo a essa nova abordagem. Mas não está se recusando a responder.]*

LOIS: Só quero entender como está posicionado em relação a isso. Se fosse avaliar sua prontidão, que número escolheria? *[Com gente resistente, você às vezes tem de voltar às perguntas. Você também se beneficia por reformular cada pergunta, de modo a permitir autonomia máxima: "Se* você *fosse avaliar sua prontidão, que número* você *escolheria?"]*

GEORGE: Eu diria 3, mas, quem sabe, isso possa mudar amanhã. *[Note como George ainda está protegendo sua autonomia, recusando-se a se comprometer. Lois precisa reconhecer isso e responder, continuando a reforçar sua autonomia.]*

LOIS: Tudo bem. Obrigada. Posso lhe fazer outra pergunta? Por que você não escolheu um número menor? *[O "obrigada" de Lois transmite consideração pela resposta dele. George não tinha de responder à pergunta anterior. Então ela pede permissão para continuar.]*

GEORGE: Agora você está realmente me confundindo: quer que fique *menos* motivado? *[Como você pode ver, uma pessoa resistente com frequência se opõe a cada pergunta; às vezes, várias vezes. Você precisa de muita paciência e persistência para continuar voltando às perguntas, enquanto reflete a pequena centelha de motivação. Note como George agora está falando em termos do que Lois quer, em vez de recusar-se a fazer o que ela pede. Lois vai agarrar essa oportunidade e refleti-la.]*

LOIS: George, fico muito contente que esteja preocupado com o que eu quero, mas, neste momento, estou interessada no que *você* quer. Você quantificou seu nível de prontidão para seguir o sistema em 3, e estou curiosa. Poderia ter escolhido um 2, ou até 1, mas não o fez. Então, por que escolheu 3, e não um número menor? *[Como a maioria das pessoas, George fica surpreso com a pergunta e intrigado pelo motivo pelo qual Lois insiste tanto no que ele quer. Está acostumado com ela dizendo o que ela quer.]*

GEORGE: De fato desejo aquele aumento de salário. *[George continua a identificar suas razões para seguir o sistema, embora tenha estabelecido que não quer segui-lo. Se Lois fosse perguntar a ele, neste momento: "Você seguiria o sistema?", George diria: "Não!" Mas ela não está fazendo essa pergunta. Está perguntando por que ele o seguiria,* se *fosse segui-lo. Por isso George tem espaço para pensar positivamente sobre algo que antes lhe parecera apenas negativo.]*

LOIS: Certo, ótimo. Você pode seguir o sistema se achar que ele pode ajudá-lo a conseguir o aumento que deseja. *[Lois reflete a motivação de George, da maneira mais positiva possível, falando em termos do que George quer e por que, mas nunca indo além do que o próprio George disse.]* Agora, imagine que você seguiu o sistema e recebeu o aumento. *[Lois liga o comportamento que ela quer, ao resultado que George quer – uma ligação que o próprio George já fez. Lois não está "subornando" George com uma boa consequência, nem ameaçando com outra ruim; está apenas reforçando o que ele já lhe disse. O que significa que ela pode prosseguir ao Passo 4: Imagine que você tenha mudado. Quais seriam os resultados positivos?]* Por que receber esse aumento de salário seria bom para você?

GEORGE [parando um bom tempo para pensar]: Quero comprar um piano para minha filha. Já faz anos que ela quer um. *[Pela primeira vez, George se refere de maneira pessoal e sincera ao que deseja. Um longo silêncio geralmente precede esse tipo de afirmação pessoal, como aconteceu com meu pai. E, como fiz com meu pai, Lois teve de trabalhar com muito afinco para não se precipitar e ajudar George a preencher o silêncio. A afirmação pessoal dele foi a recompensa dela.]*

Lois: Então, seguir o sistema poderia aumentar a chance de você comprar um piano para sua filha. *[Mais uma vez, Lois reflete a motivação de George. Lembre-se: as pessoas mudam quando ouvem a si mesmas dizerem por que querem mudar. Note como Lois também lembra de relacionar a razão de George ao comportamento-alvo.]*

George: Acho que você está certa. Nunca fiz essa ligação. *[Perguntar a George suas razões possibilitou que ele criasse uma nova relação entre o que quer e o que Lois vem pedindo que ele faça.]*

Lois: Você poderia usar seu aumento para comprar um piano para sua filha. *[Novamente, Lois está refletindo a razão de George, relacionando o comportamento que ela quer ao resultado que ele deseja. Note quanto reflexo precisa ser feito com uma pessoa que começa dizendo que não quer mudar.]* Por que é tão importante para você comprar o piano para sua filha? *[Essa é a versão de Lois para os "cinco porquês". Ela pode não perguntar cinco vezes, mas está pronta para ir um pouquinho mais fundo a fim de ajudar George a sondar os motivos mais pessoais que possa encontrar para querer mudar.]*

George: Porque eu mesmo nunca tive um e sempre jurei apoiar as coisas pelas quais meus filhos se interessassem, principalmente as artes. *[As respostas de George estão ficando cada vez mais pessoais. Ao entrar em contato com as próprias razões, está investido mais na mudança sobre a qual Lois está perguntando. Está descobrindo os próprios motivos para fazê-la.]*

Lois: Então, seguir o sistema, apesar de não gostar de todas as partes dele, pode lhe permitir fazer algo que você jurou há muito tempo – para consertar algo inquietante de sua infância. *[Mais reflexo ligando o comportamento e o resultado.]*

George: Sim, acho que isso poderia ser bom. Eu realmente gostaria de fazer isso por ela. *[Lois sente que esse era o ponto até onde George estava pronto para ir agora, já que ele parece muito pensativo e preocupado com essa nova ideia.]*

Lois: Então, qual é o próximo passo, se houver algum? *[Note como essa pergunta, o Passo 6, mantém os desejos de George no centro do processo, em vez de impor o que Lois deseja dele.]*

George: Por que não tento esse novo sistema por uma semana e vejo como é? Talvez haja algumas partes dele que possam funcionar para mim. *[Se o próprio George não tivesse sugerido isso, Lois talvez pudesse ter escolhido a menor mudança possível, da mesma maneira que pedi a meu pai que imaginasse diminuir apenas dois cigarros por semana. Ela talvez pudesse pedir que ele tentasse parte do novo sistema por uma semana, ou até um dia. A essa altura, seu objetivo não é uma "total complacência", mas apenas prosseguir com o processo. Lois precisa confiar que ele terá a própria cinética. Se não tiver, ela sempre pode fazer uma segunda rodada de influência instantânea, ou impor as consequências e demitir George. Ao menos, dessa maneira, tem a chance de motivá-lo.]*

Lois: George, isso seria ótimo! Você estaria disposto a se reunir comigo novamente, em uma semana, para que possamos falar sobre como vai indo?

George: Claro, tudo bem. Você realmente adora essas pequenas reuniões, não é? *[Assim como meu pai, George agora está restabelecendo sua autonomia, sendo rude com Lois. Mas o importante é que ele se ofereceu para experimentar o novo sistema e concordou em encontrá-la de novo. Se ele tivesse dito "Não vejo necessidade", Lois poderia ter dito outra coisa, algo do tipo: "Bem, eu apreciaria se você pensasse a respeito, e nós podemos rever a ideia em outra reunião, mais à frente". Para restabelecer ainda mais a sua autonomia, George talvez agora adote o sistema inteiramente, de modo que Lois nem precisará voltar a encontrá-lo. Ou ela talvez tenha de começar o processo de novo, pedindo a George que use o sistema por um tempo mais longo. De qualquer modo, ela fez mais progresso com ele hoje do que já havia feito.]*

Dicas para trabalhar com pessoas resistentes

- *Enfoque a motivação, não os resultados.* Não me importei com meu pai cortando apenas dois míseros cigarros semanais e tossindo "somente" quinze minutos a cada manhã – queria que ele parasse completamente de fumar para proteger sua saúde. Lois não queria que George fizesse algumas mudanças indiferentes para depois ser despedido – desejava que ele adotasse o sistema e acreditasse nele, elevando suas vendas. É tentador arriscar resultados de tudo ou nada, mas não é assim que a mudança acontece. Escolha a mudança mais fácil possível que possa imaginar e confie que o primeiro pequeno passo nessa direção levará a outros.
- *Esteja disposto a se surpreender.* Quando meus *trainees* conversam comigo sobre seus mais resistentes colegas, funcionários ou clientes, com frequência insistem: "Um cara daqueles nunca vai mudar". E geralmente continuam dizendo: "E ele também jamais vai seguir essas perguntas!" Quase sempre respondo: "Você está baseando essas percepções em todas as conversas passadas que vocês dois tiveram. Vocês já passaram a conhecer as formas preferidas um do outro de interagir e, sim, elas não funcionam. Mas essa abordagem é nova. Ele nunca o ouviu falar dessa maneira. Portanto, você não tem a menor ideia de como ele reagirá".
- *Periodicamente verifique os próprios motivos.* Você está mais interessado em ganhar uma luta de poder do que em motivar seu empregado? Está mais comprometido em provar que está certo do que em inspirar seu colega "empacado"? Está mais empolgado com "não deixar que ele saia tirando vantagem de nada" do que em criar uma situação de ganho com um cliente potencial ou parceiro de negócios? Se for o caso, você provavelmente não terá muito sucesso com a influência instantânea, porque estará buscando um objetivo para o qual o método não é destinado. Gente resistente tende a provocar lutas de poder; portanto, faça o melhor para permanecer certo do que quer e comprometido com seus verdadeiros objetivos.

HISTÓRIA DE SUCESSO: MANTENDO A PORTA ABERTA

Pode ser desconcertante obter um número 1 como resposta ao Passo 2: O quanto você está disposto a mudar (numa escala de 1 a 10, em que 1 significa "nem um pingo de disposição" e 10, "totalmente disposto")? Mas, com um pouquinho de prática, você pode se sentir tão confortável com essa resposta quanto com qualquer outra.

Eis aqui uma conversa instrutiva baseada num e-mail de um dos meus *trainees*, um supervisor de vendas de uma empresa farmacêutica. André está tentando motivar Leo a seguir o sistema de vendas.

ANDRÉ: Então, Leo, numa escala de 1 a 10, quanto você está disposto a adotar os procedimentos que elaboramos?

LEO: Honestamente? Estou no número 1. Posso fazer do meu jeito. Não vejo por que você simplesmente não me deixa *fazer* do meu jeito, como venho fazendo, pelos últimos quinze anos. Meus números podem não ser os mais altos no departamento, mas estão bem longe de serem os mais baixos.

ANDRÉ: O quanto você está disposto a falar comigo hoje e ver que parte do sistema você poderia integrar no próprio método? De novo, me dê um número que indique sua prontidão numa escala de 1 a 10. *[Se o número for 1, a primeira coisa a fazer é perguntar por um pequeno próximo passo de mudança.]*

LEO: Ainda continuo no 1, André. Não vejo sentido em falar sobre isso, francamente. Não acho que vá conseguir me persuadir, mesmo que conversemos o dia todo.

ANDRÉ: Tudo bem. Estou ouvindo. O que seria preciso para mudar esse 1 para 2? *[Mais uma vez, não estamos em busca de uma grande mudança. Estamos perguntando sobre uma leve mudança – da ausência de motivação para a menor quantidade possível.]*

LEO: Hã?

ANDRÉ: O que o deixaria ligeiramente disposto a discutir a integração de parte do sistema em sua abordagem de vendas? *[Sempre esteja pronto para calmamente reformular quaisquer perguntas de influência instantânea.]*

LEO: Bem, é... acho que o fato de você realmente respeitar minha discordância como parte dos procedimentos. *[Leo diz a André o que ele precisa, o que é um excelente sinal.]*

ANDRÉ: Você teve excelentes ideias para nossa equipe ao longo dos anos, e eu sempre tive expectativa de ouvir seus comentários perspicazes. Vou respeitar suas ideias e desejos sobre o que dará certo ou não a essa altura. *[André é capaz de prover o que Leo precisa, mas dentro de alguns parâmetros – "a essa altura". Isso deixa a porta aberta para que André volte depois, o que ele fez. Da segunda vez, André e Leo tiveram uma conversa completa e muito eficaz sobre influência instantânea. Se você não consegue influenciar alguém a fazer o que acha que ele deveria fazer agora, tente fazê-lo continuar a conversa depois.]*

Teste suas habilidades de influência instantânea: encontrando a centelha de motivação

Um aspecto crítico quanto ao uso da influência instantânea com gente resistente é encontrar a pequena centelha de motivação numa aparente recusa para mudar e refleti-la. Se conseguir encontrar a motivação nestes exemplos de resistência, escreva como responderia se estivesse tendo essa conversa.

- Eu não vou para esse programa!
- Não vou seguir *nada* desse sistema!
- Não posso contratar um assistente pessoal até que esteja ganhando mais dinheiro.

- Faria exercício, mas, com as crianças, meu emprego e os problemas de saúde de minha mãe, realmente não tenho tempo.
- Não preciso de ajuda para isso – posso fazer sozinho.
- Só vou começar a entregar meus relatórios quando todos no escritório o fizerem.
- Gostaria de parar de fumar, mas tentei mais vezes do que me lembro. Simplesmente não consigo.
- De fato não posso pagar hora extra neste momento.
- Minha carga de trabalho já está até as tampas. Não tenho tempo para outro projeto.
- Tento chegar na hora, mas, às vezes, as coisas atrapalham.

Possíveis respostas

Eu não vou para esse programa! "Eu compreendo que você não iria a esse programa. Mas por que pode ir a outro programa?"

Não vou seguir nada desse sistema! "Parece muito importante para você me dizer como se sente com relação a isso. Por que é importante para você que eu entenda seus sentimentos quanto a isso?"

Não posso contratar um assistente pessoal até que esteja ganhando mais dinheiro. "Se você tivesse todo dinheiro necessário, por que poderia querer contratar um assistente?"

Faria exercício, mas, com as crianças, meu emprego e os problemas de saúde de minha mãe, realmente não tenho tempo. "Se você tivesse todo o tempo necessário, por que poderia querer fazer exercícios?"

Não preciso de ajuda para isso – posso fazer sozinho. "Por que isso é algo que você poderia querer fazer, com ou sem ajuda?"

Só vou começar a entregar meus relatórios quando todos no escritório o tiverem feito. "Se todos no escritório estivessem entregando seus relatórios, por que você poderia querer fazer isso naquele momento?"

Gostaria de parar de fumar, mas tentei mais vezes do que me lembro. Simplesmente não consigo. "Imagine: se parar fosse fácil e você tivesse certeza conseguir. Por que poderia querer parar?"

De fato não posso pagar hora extra neste momento. "Se dinheiro não fosse a questão, por que você poderia querer me pagar hora extra?"

Minha carga de trabalho já está até as tampas. Não tenho tempo para outro projeto. "Se você tivesse todo tempo que precisasse, por que poderia querer assumir esse projeto?"

Tento chegar na hora, mas, às vezes, as coisas atrapalham. "Se você tivesse o controle de todos os fatores, por que poderia querer chegar no horário?"

Pessoas resistentes podem nos desafiar ao máximo. Mas, da mesma forma, irromper-lhes o raciocínio pode ser mais satisfatório do que uma dúzia de conversas fáceis. Ser bem-sucedido com a influência instantânea no caso de alguém resistente não apenas muda a situação para vocês dois. Pode também renovar sua crença na capacidade de mudar.

Capítulo Sete

INFLUENCIANDO ESTRANHOS

A INFLUÊNCIA INSTANTÂNEA FUNCIONA LITERALMENTE COM QUALQUER PESSOA, ATÉ mesmo com estranhos. Meus *trainees* e eu já experimentamos com balconistas, colegas, vizinhos e pessoal de atendimento ao cliente. Tenho um paciente que usou essa abordagem para conseguir sessões extras de terapia do plano de saúde. *Trainees* têm escrito para me contar sobre o uso da influência instantânea para convencer gerentes de lojas a aceitarem devoluções depois do prazo estipulado; negociar ótimos preços com vendedores de carros; ajudar a resolver conflitos sobre assentos em aviões, trens e jogos; lidar com questões da audiência em grandes reuniões e apresentações de negócios; moderar debates em conferências, quando os ânimos se inflamam excessivamente; obter preços mais baixos para reformas domésticas; acalmar protestos contra as práticas de uma empresa farmacêutica; e até para apartar brigas num jogo de futebol. É notável como a influência instantânea pode ser usada de tantas maneiras! Claro que você talvez tenha de ser criativo quando adaptar a técnica para circunstâncias variadas. Neste capítulo, vou lhe mostrar como influenciar pessoas em situações que costumavam deixá-lo gritando de frustração mas agora podem ser resolvidas com rapidez, a seu contento.

HISTÓRIA DE SUCESSO: CÉU AMISTOSO

Luis é um oficial de liberdade condicional que conheci num programa de treinamento. Profissionais da justiça criminal em geral têm menos de quinze minutos para passar com os presos, portanto, se vão incentivar mudança nas pessoas, precisam trabalhar com rapidez. Cético a princípio, até o fim do programa Luis estava convencido de que a influência instantânea realmente funciona. Decidiu experimentá-la durante uma conversa telefônica, com uma representante de atendimento ao cliente de uma companhia aérea. Queria persuadi-la a ceder algumas milhas de recompensa para que obtivesse bilhetes promocionais para os dois filhos irem à Flórida.

Gladys, a representante, estava prestes a transferir Luis para outro departamento. Ele sabia que não tinha muito tempo e logo investiu:

Luis: Gladys, espere, por favor...

Gladys: O que foi, senhor Ortiz? Acho que se eu transferi-lo...

Luis: Gladys, você pode me transferir se quiser, embora preferisse que não o fizesse. Mas, antes de fazer isso, posso lhe fazer uma pergunta? *[Luis entende que, para o processo funcionar, ele precisa reforçar a autonomia de Gladys, em particular porque ela é do atendimento ao cliente e provavelmente está acostumada a ser destratada. Então, ele pede sua permissão para continuar a conversa.]*

Gladys: Claro. O que foi?

Luis: Bem, você disse que quer me ajudar. Por quê? *[Passo 1: Por que você poderia querer mudar?]*

Gladys: Senhor Ortiz, estou de mãos atadas.

Luis: Por favor, se fosse me ajudar a obter bilhetes usando minhas milhas, o que ganharia com isso? *[Ao lidar com estranhos, é especialmente importante ser persistente. Eles não têm incentivo pessoal para se engajar numa conversa de influência instantânea, portanto, você precisa fazer a mesma pergunta, várias vezes, de maneira ligeiramente diferente.]*

Gladys: Por favor, deixe-me transferi-lo.

Luis: Se precisar me transferir, eu entenderei, mas na verdade gostaria que primeiro respondesse à minha pergunta. *[Essa parte da conversa prosseguiu por um minuto ou mais. Gladys continuou tentando transferir Luis, e Luis continuou tentando fisgá-la – sempre gentil, sempre reconhecendo que ela não precisava fazê-lo – para responder à sua pergunta. Então, subitamente, o tom mudou.]*

Gladys: Senhor Ortiz, não sei o que dizer... Entrei nessa profissão para ajudar as pessoas; é o que gosto de fazer. Sim, gosto de falar sobre os problemas das pessoas e ver o que posso fazer para ajudar. Esse sempre foi o objetivo. Por isso desejaria ajudá-lo a conseguir esses bilhetes. *[Agora Gladys ofereceu uma razão sincera para querer ajudar Luis. Note que, ao usar a influência instantânea com estranhos – ou em qualquer situação em que talvez você tenha menos tempo do que o habitual –, pode ser preciso focar apenas no Passo 1.]*

LUIS: Realmente agradeço sua resposta. Você parece gostar muito de sua profissão, e significa muito ajudar seus clientes. *[Agora que Luis ouviu alguma motivação, ele pode refleti-la.]*

GLADYS [quase timidamente]: Sim, senhor Ortiz, significa muito para mim. Não faço as coisas de qualquer jeito. É importante para mim. *[Uma vez que Luis ouviu a motivação de Gladys e a refletiu, ela passou a falar com mais intensidade sobre o que quer: ajudar as pessoas.]*

LUIS: Então, numa escala de 1 a 10... o quanto é importante? *[Agora que Gladys já respondeu à primeira pergunta, Luis pode seguir à sua versão ligeiramente modificada do Passo 2: O quanto você está disposto a mudar (numa escala de 1 a 10, em que 1 significa "nem um pingo de disposição" e 10, "totalmente disposto")?]*

GLADYS: Talvez tenha o máximo de importância. Talvez seja essa a razão por ter este emprego. *[Pelo fato de estar lidando com um estranho, Luis não precisa insistir em obter o número, embora pudesse tê-lo feito. Ele prossegue ao Passo 3: Por que não escolheu um número menor?]*

LUIS: Por quê? *[Como vimos, essa é a pergunta mais poderosa do arsenal da influência instantânea. Quando em dúvida, simplesmente pergunte por quê.]*

GLADYS: Porque estou aqui para trabalhar com afinco, e me importo de fato com as pessoas.

LUIS: Então, mais uma pergunta. *[Essa é a forma de Luis continuar a pedir permissão. Com estranhos, é especialmente importante. O pessoal de atendimento ao cliente, garçons e outros funcionários de serviços frequentemente lidam com clientes que os abordam com um senso de autoridade. Isso reduz a autonomia e literalmente garante a resistência.]*

GLADYS [desta vez, receptiva]: Pode dizer. *[Por Luis ter solicitado permissão, Gladys sente-se respeitada e apreciada. Quando as pessoas se sentem dessa maneira, em geral se tornam mais generosas e solícitas.]*

LUIS: E se você me ajudasse a conseguir esses bilhetes aéreos hoje, para meus filhos? Não seria bom para você? *[Luis saltou para o Passo 5: Por que esses resultados são importantes para você?]*

GLADYS: É óbvio que o senhor está recebendo a parte difícil desse negócio. O senhor merece os bilhetes; seus filhos merecem ir à Flórida como o senhor planejou. Desejo conseguir os bilhetes para o senhor. *[Note como, mesmo não respondendo diretamente a Luis, Gladys afirma sua intenção de ajudá-lo. Imagine o quanto ela poderia ter ficado na defensiva se Luis tivesse dito: "Estou recebendo a parte difícil desse negócio! Mereço esses bilhetes!" Ao enfocar o que Gladys quer e o que é bom para ela, Luis tocou seu desejo sincero de ajudá-lo.]*

LUIS: Então, qual poderia ser o próximo passo? *[Luis está recebendo corretamente a resposta sincera de Gladys como um acordo de que algo deve ser feito. Ele passou ao Passo 6: Qual é o próximo passo, se é que há mais algum? De novo, ao deixar o passo seguinte por conta de Gladys, em vez de lhe dizer o que quer que ela faça, Luis lhe deu espaço para assumir a situação e seguir o próprio desejo de ajudá-lo.]*

De repente, Gladys colocou Luis em espera. A princípio, ele achou que a conversa havia acabado. Mas depois uma supervisora pegou a linha.

– Não sei o que fez com Gladys – disse essa segunda mulher –, mas falei com ela e quero seguir adiante, reservando seus bilhetes com preço promocional. Usaremos sua milhagem. Pode ser?

Luis agradeceu a supervisora e fez questão de elogiar Gladys, colocando-a nas alturas.

COMPORTAMENTOS, NÃO ATITUDES

Focando no otimismo, comportamentos concretos são úteis sempre que usarmos a influência instantânea, mas especialmente importantes quando tentamos influenciar estranhos, em particular os que você provavelmente nunca mais verá. Não se pode esperar que um garçom "mude de atitude", mas talvez você possa conseguir que ele traga uma versão light do prato do dia. Não se pode fazer uma balconista de companhia aérea "admitir que a política da empresa é injusta", mas você pode, como fez Luis, *incentivá-la a autorizar o uso de sua milhagem para bilhetes promocionais.* Pratique pensar em objetivos em termos de comportamento, e não de atitudes, e terá mais facilidade quando quiser influenciar um estranho.

PREPARAÇÃO PARA INFLUENCIAR ESTRANHOS

Entrar no panorama mental correto antes de usar a influência instantânea é particularmente importante com estranhos. Eis aqui alguns pontos úteis para manter em mente enquanto se prepara para o encontro.

- *Ninguém espera que você use essa abordagem.* O pessoal de atendimento a cliente está habituado a ser maltratado ao telefone e pessoalmente. Não esperam ter a autonomia reforçada; em geral nem esperam ser tratados com respeito ou cortesia. Como resultado, podem ficar na defensiva e, às vezes, ser críticos, impacientes ou rudes. É esperado que muitos deles utilizem um roteiro pronto e sejam monitorados por outros, para assegurar que o façam. Portanto, para influenciá-los – para que sua mensagem de reforço à autonomia seja ouvida e suas perguntas incomuns, respondidas –, você vai precisar ser paciente e persistente, como Luis foi. Esteja preparado para repetir o Passo 1 (Por que você pode querer mudar?) ao menos uma dúzia de vezes (para ideias de como variar, veja detalhes adiante neste capítulo). Sentir-se irritado, perder a paciência e agir como se tivesse direito ao que está pedindo são reações perfeitamente naturais, mas elas não vão ajudá-lo a evoluir com a influência instantânea.

- *Você não tem a opção de invocar consequências*. Ocasionalmente, uma companhia pode preocupar-se em perdê-lo como cliente, ou um garçom pode recear não receber uma gorjeta. Nesses casos, terá de lidar com pessoas que estão tão distantes de seu problema que acabam tendo apenas um motivo para ajudá-lo: porque querem. Mas que ótima oportunidade para usar a influência instantânea! Como Gladys provou a Luis, as pessoas geralmente querem ajudar – e agora você pode incentivá-las a ter contato com esse desejo.

- *Você pode não perceber o quanto está perto de conseguir o que quer.* Para ser mais breve, eliminei parte da conversa entre Luis e Gladys, na qual eles ficam rodeando, com Gladys repetindo que ela tinha feito o que podia, e Luis, educadamente, perguntando por que ela *talvez* quisesse ajudá-lo. Quando chegou a assimilação final, ela foi surpreendente e súbita. Com certeza, Luis não esperava. Você também pode se surpreender. Tente lembrar que essas assimilações costumam aparecer do nada.

- *Você precisa se desligar de qualquer senso de luta de poder e, em vez disso, focar em conseguir o que quer*. A pessoa com quem está lidando talvez nunca reconheça seu direito àquilo que você quer – mas ela pode, assim como Gladys, encontrar um jeito de lhe dar aquilo. No entanto, sua motivação para fazê-lo provavelmente não virá por se conscientizar de repente de sua posição. Isso provavelmente acontecerá ao descobrir por que ela quer ajudá-lo, apesar de não precisar fazê-lo. Se o *seu* objetivo é provar que alguém tem de ajudá-lo, você está fadado ao fracasso.

REFORÇANDO A AUTONOMIA DE ESTRANHOS

A influência instantânea funcionará muito melhor se você construir um relacionamento com a pessoa com quem está falando. Pessoal de atendimento ao cliente em geral trabalha com um roteiro ou é recompensado por economizar o tempo e o dinheiro da empresa. Seu objetivo é fazer com que essa representante, em especial, comece a pensar por que teria um desejo pessoal de ajudá-lo.

No entanto, se quer que a representante responda como um indivíduo, você precisa tratá-la como um indivíduo. Desabafar frustrações por uma cobrança incorreta ou produto inadequado não vai inspirá-la a ajudá-lo. Seu primeiro objetivo é reforçar a autonomia dela, como faria no início de qualquer conversa de influência instantânea. Pela maneira como ela é habitualmente tratada, você pode ter de trabalhar com afinco extra se quiser que ela ouça – acredite – que você a respeita.

Suponha que esteja aborrecido por uma taxa que acredita ter sido indevidamente cobrada no cartão de crédito. Você pode começar a conversa de uma das seguintes maneiras.

- *Reconheça que ela não causou o problema:* "Ei, não é como se você tivesse pessoalmente inserido a cobrança em meu cartão."
- *Reconheça que ela não se beneficia pessoalmente do problema:* "E não é o caso de a taxa ir para seu bolso."
- *Reconheça que ela também pode estar enfrentando restrições:* "Sei que você tem regras a seguir e gente que monitora o que você faz."
- *Compartilhe seu estado emocional*: "Estou tendo muita dificuldade com isso."
- *Se necessário, desculpe-se por desabafar:* "Vou tentar não descontar minha frustração em você, mas, por favor, desculpe se eu o fizer."
- *Expresse gratidão:* "Estou tão contente por ter conseguido falar com você." Ou, se ela tiver dito "Como posso ajudar?", responda: "Que bom que você pode me ajudar"

Depois de ter estabelecido que a respeita e está consciente da situação dela, agora você está pronto para oferecer uma explicação sucinta de seu problema. Tente descrevê-lo da maneira mais calma e objetiva possível. Evite expressar raiva ("Depois, de forma totalmente injusta, eles acrescentaram um imposto, o que me deixa furioso toda vez que penso nisso!"). Não tente angariar compaixão ou incitar nenhuma outra reação emocional. Apenas compartilhe os fatos. Se relatá-los o aborrece a ponto de não conseguir deixar de expressar sua frustração, reconheça isso com rapidez, desculpando-se, se apropriado: "Lamento. Espero não estar descontando minha frustração em você, mas realmente estou tendo muita dificuldade com isso". Por fim, reforce a autonomia dela, deixando claro que sua forma de reagir cabe a ela: "Não tenho certeza sobre se há algo que possa fazer a respeito", "Talvez não haja nada que possa fazer, mas espero que possa", "Não estou lhe forçando a fazer nada que não possa, mas seria ótimo se pudesse..."

ADAPTANDO A INFLUÊNCIA INSTANTÂNEA PARA USAR COM ESTRANHOS

Esteja pronto para pular passos desse processo, quando utilizar a influência instantânea com estranhos. Em algumas situações – um restaurante da vizinhança, um consultório médico ou dentário, ou quaisquer locais de negócios – nós podemos esperar desenvolver um relacionamento de longa duração com a equipe. Em tais casos, pode fazer sentido levar mais tempo com a influência instantânea, mas lembre-se de que balconistas e equipe de apoio quase sempre estão ocupados e tendem a querer limitar o tempo que passam com você. Ainda assim, se você sabe que lidará com as mesmas pessoas, repetidamente, pode valer a pena o esforço de trabalhar ao longo dos seis passos.

Em outras situações, incluindo praticamente qualquer telefonema que fazemos a um centro de atendimento ao cliente, estamos lidando com gente com quem provavelmente nunca mais falaremos. Não estamos investindo em um relacionamento, mas apenas tentando obter o máximo que aquela situação permitir. Quanto mais rápido a influência instantânea funcionar, melhor – para nós e para eles. Da mesma maneira, podemos focar nos três primeiros passos, sondar as razões para mudar; depois, o último passo, que nos aponta a ação.

Não precisamos necessariamente aprofundar o compromisso usando os Passos 4 e 5, apesar de Luis ter obtido bons resultados ao fazê-lo.

Rapidamente, simplesmente enfoque os Passos 1 e 6:

"Por que você poderia querer tirar a cobrança do meu cartão de crédito?"

"Certo, ótimo. E qual será nosso próximo passo?"

Adaptação do Passo 1

Parte de mim resiste a sugerir variações para o Passo 1, porque ele funciona tão bem como é. Se a versão original do Passo 1 é a única que você utiliza, até mesmo com estranhos, você será um motivador mais eficaz do que seria, se estivesse usando a abordagem dizer e vender, ou alta ameaça, ou simplesmente perdendo a paciência.

No entanto, às vezes, é útil ter formas diferentes de abordar essa questão, principalmente se, como Luis, você se pegar precisando repetir aquilo várias vezes, antes de enfim receber uma resposta receptiva. Eis aqui algumas variações que você pode querer tentar:

"Por que você poderia decidir me ajudar com isso?"

"Se essa política é totalmente inflexível, eu entendo. Mas agora, você está ao telefone comigo, então, deve haver algum lugar onde podemos ir com isso. Por que é importante para você que nós façamos algo aqui?"

"Há uma exceção para toda regra. Então, o que teria que acontecer para que você fizesse uma exceção aqui?"

"Por acaso, há chance de ter feito isso no passado – e, se fez, por que o fez?"

"Algum dia você fez exceções? Alguém deve ter feito, ao menos uma exceção... Se você já fez uma exceção, por que poderia querer fazer uma agora?"

"Eu sei que as coisas com frequência são feitas de maneira diferente, dependendo das circunstâncias. Você consegue pensar em algum exemplo – talvez no passado –, quando possa ter desejado ajudar alguém em situação semelhante? Por que você poderia ter desejado ajudá-lo naquela ocasião?"

"Estamos falando de algumas soluções específicas. Mas podemos interromper essa conversa por um momento? Você pode sugerir algumas outras coisas que não tenhamos falado e que possam funcionar? Por que você poderia querer me ajudar a fazer uma dessas coisas?"

"O que mais você poderia fazer aqui? Por que poderia querer fazê-lo?"

Compromissos e resultados

Quando você está tentando solucionar um problema e um representante de atendimento ao cliente começa a oferecer opções, é fácil se confundir. Você talvez pense, *Ah, olhe, consegui, sim, motivá-la*, quando, na verdade, ela só está seguindo um roteiro, e nada do que está oferecendo se aproxima do que quer. Nesse caso, o que você deve fazer?

- Se a oferta estiver perto do que você espera, ouça.
- Se estiver ouvindo uma lista de possibilidades e nenhuma parecer passível de dar certo, agradeça e reflita o que ouviu da maneira mais positiva possível: "Parece que você está tentando resolver a situação, e eu agradeço. Não é bem o que estou buscando, então, deixe-me perguntar, por que é importante para você me ajudar?"

Adaptação do Passo 2

Como você se lembra, o Passo 2 (O quanto você está disposto a mudar (numa escala de 1 a 10, em que 1 significa "nem um pingo de disposição" e 10, "totalmente disposto")?) funciona melhor quando ambas as pessoas sabem exatamente o que o número deve medir. Você está pedindo que seu funcionário seja pontual pelo resto da semana, ou pelo resto da vida? Você está tentando motivar seu pai a parar de fumar de estalo, ou de diminuir dois cigarros por semana?

Quando você usa o Passo 2 com estranhos, é bom ter alguma ideia realista da reação que provavelmente terá, além de um senso claro do resultado. Desse modo, você pode usar um mínimo como base para sua pergunta: "De preferência, gostaria de um desconto total. Mas, numa escala de 1 a 10, onde 1 é "nem um pingo disposta" e 10, "totalmente disposta", o quanto você está disposta a me dar pelo menos metade do desconto?"

Nessas situações, o que nos deixa feliz é conseguir apenas um pouquinho mais do que a pessoa inicialmente ofereceu, mesmo que não seja tudo que queremos. Às vezes, é claro, não temos espaço para acordos, e temos de manter nossa posição. Mas, se o acordo é possível, seja claro quanto ao que está disposto a aceitar antes de verbalizar o Passo 2.

Ao começar o Passo 2, você tentará fazer com que a outra pessoa de fato lhe dê um número. Se ela insistir em descrever a prontidão em palavras, é claro, você pode deixar pra lá. Mas ainda pode perguntar: "Por que não está menos pronto?", em vez de: "Por que não um número menor?" De preferência, você deve persistir, porque o número oferece uma clareza e precisão que o ajudarão a ver exatamente onde a outra pessoa está, de um modo que a descrição *excelente*, *bom* e *muito bom não* faz lhe dá.

"Sei que você tem familiaridade em pedir aos clientes que avaliem seu desempenho, o quanto seu serviço é bom. Então, apenas para que eu entenda mais especificamente o quanto você está pronto para me ajudar, um número seria bom".

"Talvez soe mecânico, mas, se não se importa..."

"Isso me daria uma ideia clara do quanto você está preparado para me ajudar a realizar isso..."

Você pode se sentir tolo seguindo essa fórmula com um estranho, em particular com os dois primeiros estranhos com os quais tentar. Não se preocupe – a eficácia da influência instantânea não depende de como você se sente.

E se seu representante de atendimento ao cliente disser que está relutante em responder essa, ou qualquer outra pergunta, porque ele não pode fazer acordos quanto ao que você está pedindo? Nesse caso, enfatize o que você pediu: "O quanto você estaria pronto para fazer isso", não "O *quanto está inclinado* a fazer".

"Suponha que você, de fato, tenha recebido o sinal verde de seu supervisor. O quanto estaria pronta, numa escala de 1 a 10, para fazer o que estamos falando?"

"Imagine que a decisão final aqui fosse inteiramente sua. Numa escala de 1 a 10, quanto estaria disposto a levar issoadiante?"

Geralmente, você quer ajudar o representante a mudar do modo "pode *versus* não pode" para outro em que os termos-chave sejam *prontidão* e *disposição*:

"Entendo que não possa fazer o que estou pedindo, mas quanto estaria disposto se *pudesse* fazê-lo?"

"Você parece tão prestativa! Sei que me ajudaria se pudesse. Numa escala de 1 a 10, quanto estaria disposta?"

Adaptação do Passo 3

Você deve fazer o melhor para que a outra pessoa responda ao Passo 3 (Por que não escolheu um número menor?) em vez de apenas descartar com uma risada ou se esquivando ("Realmente não sei como responder a isso"), ou ainda com uma resposta genérica ("É meu trabalho"). As respostas que você recebe de estranhos não vão necessariamente ser tão pessoais ou sinceras como quando você usar a influência instantânea com sua família, amigos e colegas de trabalho, mas não deixe que isso o impeça de tentar. Como aconteceu com Gladys, talvez consiga uma resposta genuína sobre quanto o influenciado quer ajudar as pessoas, ou o quão profundamente ele é dedicada ao trabalho.

Com esse passo, gosto de pensar que você está incentivando as pessoas a ponderar. Está permitindo que parem e pensem sobre todos os motivos possíveis que possam ter para fazer algo, depois lhes dá a liberdade de escolher o mais apropriado. Essas atividades – ponderar e escolher – são raras na maioria dos cargos de atendimento ao cliente, e grande parte desse pessoal aprecia a oportunidade de deixar os roteiros prontos e o monitoramento constante para apenas pensar sobre o que querem e por quê. Podem não ter um motivo para querer ajudá-lo, e podem até escolher não ajudá-lo, mesmo que queiram. Mas, segundo minha experiência, as pessoas *gostam*, sim, de ajudar os outros, contanto que sejam livres para decidir fazê-lo. Portanto, suspenda sua descrença, coloque os próprios motivos em segundo plano, não tente forçar ninguém a nada e veja o que acontece.

Se a pessoa com quem você conversando responder com o número 1, pergunte: "O que seria preciso para transformar esse 1 em 2?" Como aprendemos antes, essa abordagem significa que você está pedindo à outra pessoa que percorra a distância mais curta possível – de não estar nem um pouquinho disposta a estar minimamente disposta, o que deve tornar a transição mais fácil de ser considerada. Alternativamente, você poderia mudar o que está pedindo à pessoa:

VOCÊ: Numa escala de 1 a 10, o quanto estaria disposta a me dar um desconto total?

ATENDIMENTO AO CLIENTE: Teria de dizer 1.

VOCÊ: Lamento ouvir isso, mas obrigada por responder a minha pergunta. E se lhe pedisse que me desse o desconto parcial que mencionou antes, além de uma redução na taxa anual? Numa escala de 1 a 10, quanto estaria disposta a fazer isso?

Adaptação do Passo 6

Como mencionei, você pode adaptar a influência instantânea para estranhos usando os Passos 1 a 3, e o Passo 6 (Qual é o próximo passo, se é que há mais algum?), ou usando apenas os Passos 1 e 6. É claro que, se alguém voluntariamente lhe oferecer algo que esteja disposto a aceitar, você pode ter concluído; pode não haver necessidade alguma para o Passo 6. Mas descobri que reforçar a autonomia da outra pessoa até o fim é mais eficaz do que passar ao modo de comando. Qual das duas opções a seguir você acha mais eficaz?

ATENDIMENTO AO CLIENTE: O melhor que posso oferecer é tirar a taxa de atraso, mas você terá de pagar o valor acrescido no cartão.

VOCÊ: Tudo bem, então, faça isso.

ATENDIMENTO AO CLIENTE: O melhor que posso oferecer é tirar a taxa de atraso, mas tera de pagar o valor acrescido no cartão.

VOCÊ: Certo, agradeço por fazer tudo que pode. Sei que queria me ajudar o máximo possível. Então, qual será seu próximo passo, se houver algum outro?

Com cada abordagem, o resultado pode ser o mesmo, embora você possa ter uma interação mais agradável se usar a segunda. E isso talvez inspire a representante a dizer: "Sabe, há, sim, algo que não tentei", ou: "Embora não possa baixar a taxa, já pensou em transferir seu saldo para um novo cartão? Talvez eu possa ajudá-lo nisso". Com certeza vai lhe custar pouco prosseguir no reforço à autonomia da outra pessoa e refletindo sua motivação. Já que está tendo a conversa mesmo, por que não maximizar suas chances de sucesso?

O que você não quer é que a outra pessoa saia do clima, "num estalo", e perceba que acabou de se esforçar um bocado por você e talvez haja algumas razões para que *não quisesse* fazer isso. Portanto, tente evitar afirmações que negam a autonomia, como "Fico contente que tenha decidido fazer a coisa certa!", ou: "Enfim você está vendo do meu jeito". Reflita a motivação da outra pessoa e reforce sua autonomia até o momento de desligar. Você poderá ficar agradavelmente surpreso com os resultados.

Teste suas habilidades de influência instantânea: influenciando estranhos

Essa é uma conversa que você poderia ter com um representante de atendimento ao cliente de uma companhia aérea. Você teve de cancelar um voo devido a uma emergência familiar e lhe foi dado um *voucher* para um bilhete válido por um ano. Agora, você está tentando usar o *voucher* uma semana depois da data de validade. Você começa com o Passo 1 (Por que você poderia querer mudar?) e espera poder ir direto para o Passo 6 (Qual é o próximo passo, se é que há mais algum?), mas, como frequentemente acontece, descobre que precisa ficar reintroduzido o Passo 1. Em uma folha avulsa, escreva possíveis maneiras de reformular o Passo 1, em resposta a todas as afirmações que o atendente fizer:

- Lamento, mas nossa política é honrar esses *vouchers* apenas por um ano e agora passou seu prazo de validade.
- Não estou autorizado a estender o prazo para o senhor.
- A política da empresa é muito clara quanto a isso – de fato, não tenho escolha.
- Não vai adiantar se o senhor falar com um supervisor, ele lhe dirá o mesmo que acabei de dizer.
- Posso lhe oferecer um desconto de 10% em seu próximo voo, mas é o melhor que posso fazer.

Possíveis respostas

Lamento, mas nossa política é honrar esses vouchers *apenas por um ano e agora passou seu prazo de validade.* "Compreendo inteiramente que você supostamente tenha que seguir a política, e tenho consciência de que talvez não possa ajudar. Mas, se pudesse me ajudar a resolver isso, por que poderia querer fazê-lo?"

Não estou autorizado a estender o prazo para o senhor. "Claro que você só pode fazer aquilo que tem permissão. Mas se fosse autorizado a estender o prazo, por que poderia querer fazê-lo?"

A política da empresa é muito clara quanto a isso – de fato, não tenho escolha. "Parece que você realmente gostaria de me ajudar, se tivesse escolha, e eu realmente aprecio. Se *pudesse* me ajudar, por que poderia querer fazê-lo?"

Não vai adiantar se o senhor falar com um supervisor, ele lhe dirá o mesmo que acabei de dizer. "Entendo que haja uma porção de regras e regulamentos em vigor. Mas você estaria disposto a ouvir uma pergunta bem tola? *Se* tivesse autonomia para fazer o que estou pedindo – *se* pudesse me ajudar – por que poderia querer fazê-lo?"

Posso lhe oferecer um desconto de 10% em seu próximo voo, mas isso é o melhor que posso fazer. "Parece que você está tentando remediar a situação, e eu aprecio sua atitude. Não é bem o que estou buscando, portanto, deixe-me lhe perguntar o seguinte: por que me ajudar é importante para você?"

Agora você aprendeu como influenciar praticamente todo mundo: você mesmo, gente que quer mudar, gente que não quer mudar e estranhos. É hora de aprender como avaliar seu sucesso, traçar um plano de ação e enfrentar a situação quando não obtiver o resultado desejado.

Terceira Parte

Maximização de resultados

Capítulo Oito

IDENTIFICAÇÃO DA MUDANÇA

VOCÊ ACABA DE CONVIDAR UM FUNCIONÁRIO PROBLEMÁTICO AO SEU ESCRITÓRIO para ter uma conversa de influência instantânea. Esse homem é ótimo, quando está sozinho, mas é um desastre quando tem que trabalhar como parte de uma equipe: ele entrega os trabalhos atrasados, perde as reuniões da equipe e, quando aparece, fica sentado como uma estátua. Você está tentando inspirá-lo a ser mais participante, e ele parece estar se esforçando para pensar no que você está dizendo. Mas se mantém bem quieto e você não sabe como interpretar seu silêncio. Será que ele está zangado, ou apenas assimilando a conversa? Qual é seu próximo passo?

Você está tendo uma conversa de influência instantânea com sua esposa extrovertida. Você adora sua personalidade exuberante, mas está exausto, ao chegar do trabalho, e realmente apreciaria se ela concordasse em lhe dar uma hora de silêncio, toda noite – sem interrupções, conversas, exigências. Você ficará feliz em papear com ela durante o jantar, mas precisa de um pouco de quietude. E, graças à influência instantânea, você enfim consegue mostrar por que ela pode se beneficiar, se lhe der uma chance de desacelerar e se recuperar do dia. Até agora, ela não lhe deu um sim entusiástico, mas também não está saindo da sala. O que você faz agora?

Sua filha Julia, de treze anos, tem circulado com Sônia, uma menina de quinze, que você acha velha demais para andar com ela. Na última ida ao shopping, Sônia usou seu cartão de crédito para ajudar sua filha a comprar algumas roupas que não podem ser devolvidas e agora Julia lhe deve dinheiro. Hoje, Sônia convidou sua filha para uma festa de aniversário de meninos e meninas, para a qual você tem certeza de que Julia não está pronta. Você quer que Julia concorde em ver Sônia somente na escola e, para sua surpresa, a conversa de influência instantânea que você teve com sua filha não terminou em lágrimas e confronto. Mas você não tem certeza de como as coisas estão evoluindo. Como pode saber?

É fácil proceder quando a influência instantânea vai bem. Você chega ao Passo 6 (Qual é o próximo passo, se é que há mais algum?), identifica o passo seguinte e faz um plano de ação formal ou informal (aprenderemos sobre planos de ação no Capítulo 9). Também está claro o que fazer, nas raras ocasiões em que a influência instantânea vai mal: peça permissão para ter novamente a conversa, ou simplesmente retome-a, em outra ocasião (veja o Capítulo 10 para aprender o que fazer quando a influência instantânea não funcionar). Mas, e quanto a todas aquelas vezes, entre uma coisa e outra, quando você consegue passar a mensagem, mas não tem certeza. O que fazer nessas ocasiões?

Seu principal objetivo é manter a conversa em andamento, rumo a uma direção positiva, enquanto se mantém alerta para quaisquer sinais de progresso. Você faz isso de três formas:

1. Busque ouvir a "conversa de mudança".
2. Procure sinais de mudança.
3. Localize qualquer área problemática.

BUSQUE OUVIR A "CONVERSA DA MUDANÇA"

"Conversa de mudança" é qualquer afirmação feita pela pessoa com quem está falando que sugira o início de uma reflexão rumo à mudança ou qualquer sinal nessa direção[1]. É o que você procura ouvir durante o processo e como sabe que está evoluindo. Há seis tipos de passos de conversa de mudança: conversa de habilidade, conversa de necessidade, conversa de desejo, conversa de ação, conversa de motivos e conversa de compromisso.

Conversa de habilidade

"Eu posso mudar." A conversa de habilidade é a mais fraca das conversas de mudança, pois, quando as pessoas falam sobre habilidade, ainda estão pensando no *como* e, conforme vimos, é muito mais benéfico focar no *porquê*. Ainda assim, qualquer interesse em mudança é útil, e a conversa de habilidade lhe dá a chance de depois perguntar por quê:

FUNCIONÁRIO: Sei que eu poderia participar das reuniões de grupo, se fosse absolutamente imprescindível...

VOCÊ: Mas, por que poderia querer participar? Que benefícios isso lhe traria?

Cada tipo de conversa de mudança pode variar de nível. Quanto mais forte a afirmação, mais provável é que alcance a conversa de compromisso – e, no fim das contas, poderá ver a mudança almejada. Com a conversa da habilidade, o espectro é assim:

Mais forte: Tenho certeza de que poderia participar mais das reuniões de grupo.

Moderado: Posso participar mais.

Mais fraco: Acho que poderia participar mais.

Conversa de necessidade

"Preciso mudar." Conversa de necessidade é mais forte que a de habilidade, porque sugere um motivo para a mudança. Ainda assim, é a segunda mais fraca, porque dizer "preciso fazer algo" em geral sugere que há mais motivos externos em jogo. *Preciso* é normalmente apenas mais uma maneira de dizer "devo" e, como vimos, em qualquer hora que a palavra *devo* é usada corremos o risco de desencadear a lei da reatância psicológica. Na maioria dos casos, as pessoas são muito mais suscetíveis a fazer o que *querem* do que qualquer coisa que precisem ou devam. Portanto, mais uma vez, tente conduzir o influenciado a um comprometimento maior, perguntando por que e focando no que ele quer:

ESPOSA: Eu realmente preciso deixá-lo em paz, quando você chega em casa, não é? Acho que posso ver por que precisa de um tempo de sossego.

VOCÊ: Fico contente que você entenda isso, obrigado. De fato aprecio. Mas posso fazer outra pergunta? Por que você poderia *querer* me dar esse tempo?

Novamente, há um espectro de conversa de necessidade que você talvez ouça. Quanto mais forte a conversa, mais provável que a conversa de compromisso venha a seguir.

Mais forte: Decididamente preciso lhe dar um pouco de tempo de sossego.

Moderado: Preciso lhe dar algum tempo de sossego.

Mais fraco: Provavelmente preciso lhe dar um tempo de sossego.

Conversa de desejo

"Eu quero mudar." Agora sim! Uma vez que alguém expressa o desejo de mudar, você já está com meio caminho andado. Não o caminho todo, pois, como vimos, o que na verdade faz as pessoas entrarem em ação não é apenas reconhecerem um desejo de mudança, mas ouvirem a si mesmas dizendo *por que* desejam mudar. Portanto, mais uma vez, você pode reforçar o compromisso do influenciado e seguir adiante no processo, perguntando *por quê*:

JULIA: Sônia é meio assustadora, às vezes, mas gosto dela. Talvez possa vê-la só na escola, como você disse, mas, se ela me convidar pra fazer alguma coisa legal, será difícil dizer não.

VOCÊ: Meu bem, fico contente em ouvir que você quer manter Sônia como uma amiga de escola. Mas importa-se se eu lhe perguntar por que poderia querer vê-la apenas na escola? O que acha que lhe trará de bom se o fizer?

Mais forte: Eu decididamente só quero ver Sônia na escola.

Moderado: Só quero ver Sônia na escola.

Mais fraco: Talvez eu só queira ver Sônia na escola.

Conversa de ação

"Eu já entrei em ação, ou estou entrando em ação na direção da mudança de comportamento." Agora estamos num patamar mais alto de conversa de mudança, e você pode ver o motivo. Quando alguém está lhe dizendo sobre uma mudança efetiva de comportamento, está contando também que já está bem motivado. Ainda assim, perguntar o motivo pode ajudar ainda mais a pessoa.

FUNCIONÁRIO: Na verdade, cumpri todos os prazos até hoje para aequipe em que estou agora.

VOCÊ: Fico muito contente em ouvir isso! Obrigado por me contar a respeito. Há outra coisa que gostaria de refletir: por que acha quc trabalhou com tanto afinco para cumprir esses prazos? Em que isso o beneficiou?

Mais forte: Já cumpri todos os prazos para minha equipe.

Moderado: Cumpri alguns prazos para minha equipe.

Mais fraco: Acho que tenho tentado me sair melhor no cumprimento dos prazos, mas ontem perdi um.

Conversa de motivos

"Eu quero/preciso mudar, pois [algum motivo pessoal] isso me deixará mais satisfeito comigo mesmo", ou "Já dei alguns passos para mudar porque [algum motivo pessoal], isso me dá mais tempo pessoal para as coisas que mais gosto". Conversas de motivos são mais fortes do que qualquer uma das que citamos até agora, por duas razões. A primeira, como vimos, é que as pessoas mudam quando ouvem a si mesmas dizerem o motivo para desejarem fazê-lo. Segundo, a conversa de motivos incorpora elementos de outros tipos de conversas de mudança, tal como desejo e necessidade. Qualquer razão serve, mas a pessoal ("Eu me sentirei melhor comigo mesmo") é em geral melhor que a relacionada a algum motivo externo ("Vou conseguir algum dinheiro"). Se alguém está apresentando a conversa de motivos, lembre-se dos "cinco porquês". Se puder, continue perguntando: "E por que isso é importante?" até ouvir uma resposta que pareça genuinamente pessoal e sincera. Às vezes, a conversa pode levar um tempo, mas os resultados que você tem, ao perguntar os cinco porquês, são decididamente válidos, como ilustra o diálogo a seguir:

ESPOSA: Quero lhe dar aquela hora de sossego, quando você chegar em casa, porque será nossa convivência será infernal se não o fizer!

VOCÊ: Obrigado. Fico contente em ouvir isso. Mas posso perguntar por que é importante para você que a convivência comigo se torne mais fácil? [Primeiro porquê.]

ESPOSA: Ora, vamos. É muito mais fácil conviver com você quando está feliz.

VOCÊ: Por que é melhor para *você* quando estou mais feliz? [Segundo porquê.]

ESPOSA: Está falando sério? Certo, na verdade, detesto quando fico ali sentada papeando com você e você só está sendo educado, mas posso ver que você gostaria que eu parasse. Ficaria encantada em lhe dar uma hora de sossego se ficar mais animado durante o jantar.

VOCÊ: Também gostaria disso. Mas por que seria bom para *você* fazer isso? [Terceiro porquê.]

ESPOSA: Bem, você não ficaria tão tenso, não é?

VOCÊ: Com certeza tentaria não ficar. Mas por que isso seria importante para *você*? [Quarto porquê.]

Esposa: Poderíamos nos divertir muito mais durante o jantar, não? Sinto falta de quando brincávamos. Ultimamente, você está sempre cansado e tão ranzinza. Acha que poderíamos rir um pouco mais se você tivesse essa hora de tranquilidade?

Você: Adoraria. Mas por que isso poderia ser bom para *você*? [Quinto porquê.]

Esposa: Sentiria que você realmente *gosta* de mim. Quero dizer, sei que me ama. Mas às vezes tenho a sensação de que você não gosta muito de ficar comigo, como se não gostasse muito de mim.

Você: Meu bem, desculpe. Não fazia ideia. Vou tentar não ser assim. Mas você está me dizendo que gostaria de me dar essa hora tranquila depois do trabalho porque então teríamos um jantar divertido e você veria o quanto eu realmente gosto de estar com você?

Esposa: Sim. Exatamente isso.

Você: Então, qual é o próximo passo, se houver algum?

Esposa: Por favor, meu bem. Faça isso por mim. Tire um tempo.

Mais forte (dando passos, ou querer mudar, mais um motivo interno): Realmente quero lhe dar aquela hora de sossego porque, então, você ficará de bom humor no jantar e eu poderei ver o quanto gosta de estar comigo.

Moderado (querer mudar *mais* um motivo interno): Eu quero que você tenha um tempo tranquilo, pois em um bom relacionamento você tenta fazer o que a outra pessoa pede.

Mais fraco (necessidade de mudar, mais um motivo externo): Eu realmente preciso lhe dar essa hora de sossego porque assim, talvez, você faça algo que eu lhe peça.

Como pode ver, o elemento mais importante e forte na conversa de motivos é a razão pessoal, sincera e interna. O segundo elemento mais importante é se a pessoa fala sobre *dar passos* (mais forte), *querer mudar* (moderado) ou *precisar mudar* (fraco). Alguém que diz que "precisa mudar" e dá uma razão profundamente pessoal e sincera, na verdade, está mais perto de assumir um compromisso de mudar do que alguém que já está dando passos para mudar, mas apenas dá um motivo externo. Se está ouvindo razões pessoais e sinceras na conversa de motivos, você provavelmente seguirá adiante para fazer um plano de ação (veja o Capítulo 9).

Conversa de compromisso

"Eu vou mudar." Enfim, entramos no reino da conversa de compromisso, modalidade mais importante de conversa de mudança e objetivo final da conversa de influência instantânea. A conversa de compromisso inclui uma afirmação pautada pelo futuro da intenção de se fazer algo específico. Segundo as pesquisas, trata-se da conversa mais forte, com uma associação consistente à mudança. No entanto, para que a conversa de compromisso seja verdadeiramente eficaz, precisa estar acompanhada de pelo menos uma razão pessoal:

> De agora em diante, vou participar da equipe sempre que for designado. Vou aparecer nas reuniões preparado e pronto a contribuir. Quero participar inteiramente, pois me sinto bem melhor comigo mesmo se puder dar uma contribuição verdadeira.
>
> Certo, meu bem, vejo o que quer dizer. De agora em diante, eu lhe darei uma hora diária, após o trabalho, para que fique sozinho e faça o que quiser. Mas espero que esteja pronto para conversar comigo no jantar, para compensar! Fico muito contente que possamos voltar a nos divertir no jantar, portanto, sei o quanto você gosta de estar comigo.
>
> Então, acho que só verei Sônia na escola. Não vou ficar andando com ela por nenhum outro lugar. Isso parece certo, porque ela me assusta um pouco.

Há, no entanto, uma circunstância que ultrapassa todo esse sistema de classificação de mudança: quando alguém demonstra emoção genuína. Independente do quanto o restante da conversa possa parecer fraca, o sentimento sincero automaticamente a fortalece. Isso se aplica tanto à emoção negativa ("Estou tão frustrado com esse problema!") quanto à positiva ("Estou tão empolgado em ver no que isso vai dar!").

Se ouvir alguém expressar uma emoção negativa com relação a um problema, sugiro refleti-la com uma solução potencialmente positiva:

> FUNCIONÁRIO: Fico tão zangado com a forma que sou quando há um grupo envolvido! Tenho muita dificuldade em participar. Não gosto disso em mim. Mas é verdade.
>
> VOCÊ: Parece que essa questão o deixa realmente zangado há muito tempo *[refletindo a emoção]*. E também parece que participar mais inteiramente vai ajudá-lo a se libertar de parte dessa raiva *[refletindo a motivação potencial]*. O que você acha *[continuando a reforçar a autonomia ao devolver o processo à outra pessoa]*?

Se novamente ouvir uma emoção positiva, pode refletir tanto a emoção quanto a motivação.

> ESPOSA: Eu realmente devo lhe dar essa hora sossegada, pois seria ótimo se pudéssemos nos divertir mais no jantar. Sabe, quando começamos a namorar, você me fazia rir o tempo todo. Sinto falta disso! Adoraria ter isso de volta. Acha que podemos?
>
> VOCÊ: Acho que podemos, sim. E estou vendo como está empolgada em me dar essa hora de sossego, para que possamos ter aquilo de volta *[refletindo as razões pelas quais sua esposa quer fazer algo, embora tenha usado a palavra "devo"]*.

Depois que você perceber como a emoção pode ser, ficará mais atento para ouvi-la, refletindo-a com mais entusiasmo. Seu reflexo vai reforçar a emoção e, em consequência, o desejo de mudar.

Lembre-se, há duas modalidades de conversa que sinalizam a prontidão para um plano de ação: conversa de compromisso, acompanhada por ao menos uma razão pessoal para mudar, e qualquer razão para mudar, que seja transmitida com emoção forte. Todos os outros tipos de conversa são sinais úteis de progresso, e você deve ser encorajador, tanto na primeira conversa de influência instantânea quanto depois. Mas só prossiga a um plano de ação quando ouvir a conversa de compromisso, com ao menos um motivo interno, ou a conversa de motivo, além de emoção forte.

Teste suas habilidades de influência instantânea: reconhecendo a prontidão

Leia as afirmações a seguir. Assinale cada afirmação que acredita sinalizar a prontidão para mudar, depois defina o motivo, classificando o tipo de conversa de mudança. Escreva sua explicação numa folha avulsa.

- ❑ Estou tão farta de ficar cansada na escola, todo dia! Realmente preciso ir mais cedo para cama. Não suporto o que acontece quando não durmo cedo.
- ❑ Sei que posso arranjar algum tempo, toda semana, para ligar para a mamãe e a tia Jane. Nunca mais falei com elas.
- ❑ Realmente quero ir à academia com mais frequência.
- ❑ Vou ler ao menos um novo livro da minha área, todo mês. Não será fácil, mas preciso sentir que estou crescendo. Do contrário, só me sinto velho, e detesto isso.
- ❑ Quero passar mais tempo com meus filhos. Se talvez fizéssemos uma noite de pizza semanal, poderia funcionar.
- ❑ Minhas finanças estão uma bagunça. Fico constrangido de falar a respeito. Preciso fazer algo quanto a isso, e logo.
- ❑ Já comecei a guardar algo para a minha aposentadoria, mas vou aumentar minha contribuição mensal, começando este mês, e falar com

um consultor financeiro mês que vem. Se não o fizer, terei uma velhice bem desanimadora.

- ❑ Consegui fazer um pouco do trabalho dos meus relatórios trimestrais, mas o prazo para os novos vai expirar antes que termine os antigos.
- ❑ Gostaria de pedir ao meu chefe que me considere para uma promoção. Quando penso nas pessoas que foram reconhecidas pela empresa, em vez de mim, isso faz meu sangue ferver.
- ❑ Estou tão empolgada com uma nova nutricionista que encontrei! Gostaria de seguir sua dieta ao pé da letra. Mal posso esperar para ver os excelentes resultados que terei.

Respostas

Estou tão farta de ficar cansada na escola, todo dia! Realmente preciso ir mais cedo para cama. Não suporto o que acontece, quando não durmo cedo. Emoção forte; mais provável de gerar mudança.

Sei que posso arranjar algum tempo, toda semana, para ligar para a mamãe e a tia Jane. Nunca mais falei com elas. Conversa de habilidade ("Eu poderia..."); menos provável de gerar mudança.

Realmente quero ir à academia com mais frequência. Conversa de desejo ("Eu realmente quero...") menos provável de gerar mudança.

Vou ler ao menos um novo livro da minha área, todo mês. Não será fácil, mas preciso sentir que estou crescendo. Do contrário, só me sinto velho, e detesto isso. Conversa de compromisso, com razões ("Eu vou..."); mais provável de gerar mudança.

Quero passar mais tempo com meus filhos. Se talvez fizéssemos uma noite de pizza semanal, poderia funcionar. Conversa de desejo ("Eu quero..."); menos provável de gerar mudança.

Minhas finanças estão uma bagunça. Fico constrangido de falar a respeito. Preciso fazer algo quanto a isso, e logo. Conversa de necessidade ("Preciso..."); menos provável de gerar mudança.

Já comecei a guardar algo para a minha aposentadoria, mas vou aumentar minha contribuição mensal, começando este mês, e falar com um consultor financeiro mês que vem. Se não o fizer, terei uma velhice bem desanimadora. Conversa de compromisso com motivos ("Eu vou..."); mais provável de gerar mudança.

Consegui fazer um pouco do trabalho dos meus relatórios trimestrais, mas o prazo para os novos vai expirar antes que termine os antigos. Conversa de ação ("Eu consegui fazer..."); mais provável de gerar mudança.

Gostaria de pedir ao meu chefe que me considere para uma promoção. Quando penso nas pessoas que foram reconhecidas pela empresa, em vez de mim, isso faz meu sangue ferver. Emoção forte; mais provável de gerar mudança.

Estou tão empolgada com uma nova nutricionista que encontrei! Gostaria de seguir sua dieta ao pé da letra. Mal posso esperar para ver os excelentes resultados que terei. Emoção forte; mais provável de gerar mudança.

PROCURE PELOS SINAIS DE MUDANÇA

Às vezes, você pode detectar a mudança na linguagem usada pelas pessoas. Outras vezes, precisa ouvir, atentando para os sinais de mudança no tom de voz ou na emoção que expressam. Eis aqui algumas dicas não verbais e indiretas que podem indicar que a mudança está em curso:

- *Pausas, cair em silêncio ou falar em espasmos e sobressaltos.* Quando a conversa para ou diminui de ritmo, significa que a outra pessoa está pensando com afinco sobre a mudança que está sendo proposta. De preferência, você deve permanecer em silêncio e esperar – evite preencher quaisquer silêncios –, porém, se precisar dizer algo, use uma das afirmações de reforço à autonomia do Capítulo 2.
- *Mais resistência que antes.* Paradoxalmente, a resistência renovada pode indicar que a mudança está sendo considerada; o influenciado está reagindo com frustração. Mais uma vez, tente não dizer nada. O processo é da outra

pessoa, e ela o está elaborando – deixe-a. Se realmente sentir necessidade de dizer algo, talvez possa reconhecer a resistência dela ressaltando sua ligação com a mudança: "Às vezes, as pessoas ficam zangadas quando a mudança surge no horizonte", ou: "Até as boas mudanças podem ser desconfortáveis, já que representam um intervalo na rotina". Não raro, as pessoas vão mudar de novo de postura, reagindo a essas afirmações para defender seus desejos, prontidão e disponibilidade para mudar.

- *Confusão*. Se receber uma porção de perguntas e preocupações ("E quanto a isso?", "Não compreendo", "Estou confuso sobre essa outra coisa"), ou se for metralhado com uma série de afirmações inconclusivas, você está diante de uma reação à mudança. Só está demorando um pouquinho para que a outra pessoa processe tudo. Mais uma vez, o silêncio é a melhor decisão. Se precisar reagir às perguntas, talvez possa assegurar à outra pessoa de que vocês dois chegarão a isso na hora certa; agora, você só está focando nos motivos pelos quais ela possa querer mudar.

- *Sarcasmo*. Significa que está sendo testado, particularmente se o sarcasmo assume a forma de lhe devolver a responsabilidade ("Você é o especialista, não é?", "Por que simplesmente não me diz o que fazer?!", "Apenas me entregue o roteiro que quer que eu siga, e atenderei a todos os seus caprichos, está bem?"). Você respeitou a autonomia da outra pessoa e ela começa a reagir de acordo, mas primeiro está checando, para ter certeza de que você realmente está falando pra valer (embora ela possa não saber que esteja fazendo isso). Apenas mantenha-se firme, se puder. Tente não responder. Mas, se sentir que precisa dizer algo, vai querer estar preparado. Familiarize-se com a lista de possíveis respostas adiante, neste capítulo.

- *Transferindo sutilmente a responsabilidade para você*. "O que você acha que devo fazer agora?", "Se você fosse eu, como lidaria com isso?". Da mesma maneira que o sarcasmo é usado, essa abordagem tem a finalidade de testá-lo. Não morda a isca. Mantenha-se em silêncio, se possível. Use uma das respostas apresentadas adiante, neste capítulo, se sentir que tem de falar alguma coisa.

- *Perguntas.* “Você acha que isso é fácil?”, “Como devo fazer isso?”, “Não consigo fazê-lo. Por que acha que devo?”, “Por que devo?”. Por mais que essas perguntas possam parecer hostis a princípio, na verdade trata-se de oportunidades. De preferência, você deve permanecer em silêncio. Se sentir que tem de dizer algo, considere o uso das respostas apresentadas adiante, neste capítulo.

- *Reduções de resistência.* “É, acho que posso fazer isso...”, “Você provavelmente tem razão”, “Acho que dá pra ver o que você quer dizer”. Todas essas alternativas são aberturas que devem encorajá-lo tremendamente. Se a resistência está declinando, a motivação pode estar logo adiante, ou, pelo menos, algumas barreiras estão caindo. Lembre-se: *qualquer* coisa é melhor que um não direto. Se perguntar sobre a possibilidade de, digamos, usar um procedimento de vendas, e o funcionário disser “Provavelmente não”, note que ali existe uma abertura, por menor que seja. Você agora tem sinal verde para responder: “Sem pensar muito, o quanto estaria inclinado a fazê-lo; por que poderia fazê-lo?”

- *Imaginando a resistência.* “Seria ótimo se...”, “Se ao menos...”. Às vezes, essas palavras transmitem genuína empolgação sobre a possibilidade de mudança. Outras vezes, o tom da pessoa pode revelar que ela sente que não conseguirá realizar aquilo, que não acredita naquilo. Em vez de verdadeiramente pensar na possibilidade, a está descartando. Nesse caso, motive-a ainda mais ao perguntar: “*O que* poderia ser ótimo quanto a isso?”

- *Desculpas.* “Não posso, porque...”, “Não dará certo, já que...”. De novo, por mais difícil que seja acreditar, tais desculpas são boas notícias. Dar razões para *não* fazer algo é um dos sinais mais fortes de que a pessoa está seriamente considerando fazer aquilo. E, por estar pensando a respeito, ela argumentando contra. Não caia na armadilha de reforçar as razões negativas, nem sugerir que essas desculpas sejam apenas para que a pessoa se esquive da responsabilidade. Em vez disso, pergunte: “Mas qual o motivo por que faria, caso essa razão não existisse?”, ou: “Se pudesse sacudir uma varinha mágica e fizesse esse problema desaparecer, por que faria isso?”

- *Razões legítimas.* Por mais que pareça contraintuitivo, trate as razões legítimas para não se fazer algo da mesma maneira que trata as desculpas, jamais sugerindo a outra pessoa que você acha que ela está evitando responsabilidades. A questão não é se as razões dela são boas, e sim fazê-la focar no *porquê*. Portanto, peça-lhe que "sacuda a varinha mágica" e faça as razões desaparecerem, depois pense no motivo para *querer*, em vez de não querer.

Qualquer sinal de mudança significa progresso. Se seu progresso aparecer na primeira conversa de influência instantânea ou mais tarde, não importa realmente. O processo de mudança já começou!

Se você está sendo testado...

Se deparar com um comentário sarcástico, ou um esforço educado de lhe devolver a responsabilidade, permaneça em silêncio, se puder. Se não puder, eis aqui algumas respostas possíveis:

- Honestamente não sei o que você deve fazer.
- Não faço a menor ideia do que faria em seu lugar.
- Posso pensar no que eu poderia fazer, em algum momento, e depois lhe dizer... mas, agora, estou mais interessado em ouvir por que você poderia desejar fazer isso que estamos falando, já que cabe realmente a você.
- Sim, eu sou o chefe [ou pai, ou algum outro tipo de figura de autoridade], e sei o que quero que você faça, mas agora estamos falando sobre o que ***você*** quer. Podemos mudar de assunto, mas de fato acho que as coisas vão funcionar melhor se pudermos entrar em sintonia e, de alguma maneira, alinhar nossos anseios.
- Parece que você quer prosseguir com essa questão. Por que é tão importante para você?

LOCALIZE QUAISQUER ÁREAS PROBLEMÁTICAS

Em geral, o processo de influência instantânea transcorre suavemente. Mas, de vez em quando, as pessoas travam, resistem ou apenas desaceleram. Eis aqui algumas ideias para respostas que manterão a conversa fluindo numa direção produtiva e positiva, quando alguém:

- *Interromper*: "Por ora, estou mais interessado em focar no lado positivo e agradeceria se você respondesse a uma pergunta diferente: Por que você poderia querer fazer isso?"

- *Levantar objeções legítimas*: "Certo, falaremos sobre isso, mas agora quero saber por que você poderia querer fazer isso".

"Concordo. Falaremos disso, mas, neste momento, quero saber por que..."

"Desculpe. Falaremos disso, mas, agora, quero saber o motivo..."

"Neste momento, não concordo, mas adoraria ouvir mais sobre suas preocupações. Porém, agora gostaria de saber por que..."

- *Cortar totalmente a conversa*: "Não estou interessado em obrigá-lo a falar, mas teria problema se voltássemos a falar sobre isso, e você escolhesse o momento??" [Pelo fato de todos sabermos que há consequências por não fazer algo, você não precisa dizer isso durante a conversa, em particular porque consequências têm pouco efeito na motivação da mudança.]

- *Parecer frustrado com o processo, ou então estiver pronto para finalizá-lo*: Prossiga ao passo seguinte ou vá diretamente ao Passo 6: "Qual é o próximo passo, se é que há mais algum?"

"O que você gostaria de fazer sobre esse próximo... se houver algo a ser feito?"

"O que você gostaria de ver acontecer a seguir, e como quer fazer parte disso?"

Uma alternativa para deixar o processo temporariamente em espera: "Obrigado por conversar comigo. Você se importaria se falássemos sobre isso de novo? Gostaria de escolher uma ocasião?"

SINAIS DE IMPACIÊNCIA

O processo de influência instantânea é formulado para funcionar em sete minutos, portanto, teoricamente, a conversa deve terminar antes que qualquer um fique impaciente. No entanto, se ela se estender por um pouco mais, ou se estiver lidando com alguém muito persistente, talvez perceba alguns sinais de frustração: "Quanto tempo isso vai demorar?"; "Não sei como..." (em particular quando dito repetidamente, em resposta a diferentes perguntas); suspiros e bocejos; ausência de contato visual direto ou outros sinais-chave de linguagem corporal, como braços cruzados, recostar-se na cadeira, olhar zangado ou cauteloso. Se deparar com um obstáculo à influência instantânea, sempre espelhe a resistência da pessoa, para reforçar sua autonomia e lhe devolver a responsabilidade:

"Você parece frustrado por tocar nesse assunto. Não precisamos falar sobre isso agora, mas estaria disposto a conversar a respeito em outra ocasião de sua escolha?"

"Posso ver que está distraído. Por que poderia querer continuar a falar sobre isso, mesmo assim?"

Ou vá direto ao Passo 6:

"Estou tendo a impressão de que você quer parar agora. Portanto, qual é o próximo passo, se é que há mais algum?".

Na maioria dos casos, as conversas sobre influência instantânea conduzirão à mudança. Qual é a melhor maneira de garantir que a ação se efetive? No Capítulo 9, exploraremos as formas mais eficazes de traçar planos de ação que garantam mudanças concretas e duradouras.

Capítulo Nove

ELABORAÇÃO DE UM PLANO DE AÇÃO

DEPOIS QUE VOCÊ TIVER OUVIDO A CONVERSA DE COMPROMISSO, ALÉM DAS RAZÕES para mudar expressas com emoções fortes, o influenciado está pronto para um plano de ação. Um plano de ação é um contrato pessoal, escrito ou oral, que expõe exatamente que ações o influenciado se compromete a executar. Por ser um contrato pessoal, não há contraparte. É um plano que torna o influenciado responsável por si mesmo. Ele se torna executor do próprio contrato. Você pode fazer um plano de ação quando usar o processo de influência instantânea com você mesmo, ou pode incentivar seu influenciado (funcionário, filho, amigo ou cônjuge) a fazer um, possivelmente com sua ajuda.

A pessoa que está criando o plano de ação é quem decide que formato ele terá, escrito ou oral, formal ou informal. De preferencia, ela incluirá os seguintes elementos:

- *Objetivo comportamental claro, algo específico e mensurável.* Por exemplo: "Responder a todos os e-mails que eu receber essa semana, dentro de vinte e quatro horas", "Fazer minhas tarefas diárias, por uma semana, sem ter de ser lembrado", "Pelas próximas duas semanas, ligar avisando que chegarei em casa tarde, depois do trabalho".
- *Descrição de apenas um passo – o passo seguinte – do processo.* Se a ação não continuar na direção correta, você pode ter outra conversa de influência instantânea e fazer outro plano de ação, mas, por ora, mantenha apenas um passo. Como já vimos, as pessoas com frequência estão dispostas a fazer algo pequeno e simples quando mudanças maiores são assustadoras. E, lembre-se, se alguém escolher um pequeno passo, não significa que não possa ir além. Às vezes, as pessoas querem fazer as coisas com segurança e se comprometem com pouca coisa, mesmo quando planejam fazer mais. Ou, depois de fazer um pouquinho e terem experimentado um benefício real, elas podem decidir fazer mais.
- *Período.* Você está idealizando um período curto – de preferência, de um a trinta dias – para que o plano seja factível.
- *Método.* Como você vai alcançar seu objetivo? "Vou dedicar os primeiros quinze minutos de cada dia para responder os e-mails do dia anterior", "Vou postar todas as minhas tarefas num quadro de aviso e

riscá-las diariamente, depois de concluí-las", "Vou programar o despertador do meu telefone para 17 horas, como um lembrete de ligar para casa". Escolher um método faça a ação parecer possível e, portanto, mais provável de ser executada.

- *Ao menos uma, mas de preferência duas ou três razões para executar a ação.* Quanto mais sinceras e pessoais forem as razões, mais poderoso será o plano de ação. (Use os "cinco porquês" para ajudar o influenciado a identificar razões profundamente sentidas.)
- *Descrição dos potenciais obstáculos e uma explicação de como eles serão superados.* Opcional.
- *Descrição de que ajuda a pessoa espera ou planeja obter de outra pessoa.* Opcional.
- *Plano reserva ou afirmação de compromisso para criar um plano reserva, caso o plano inicial não funcione.* Opcional.

Se um plano de ação for escrito, ele pode ser assinado e datado, para concretizar o compromisso. Também pode ser útil dar uma cópia à outra pessoa – amigo, consultor, cônjuge ou colega –, já que tornar um compromisso público geralmente nos motiva a mantê-lo. Planos de ação baseados em trabalho também podem ter outro propósito: documentar a conversa entre o funcionário e um supervisor, de modo que ambos tenham um registro do que ficou acordado durante a reunião.

No entanto, lembre-se de que um plano de ação é um contrato pessoal. Se ele começar a dar a sensação de uma promessa à outra pessoa, em particular uma figura de autoridade, qualquer benefício do processo de influência instantânea se perderá. O influenciado precisa saber que está mudando porque quer – não por nenhuma outra razão. Portanto, se estiver criando um plano de ação para si mesmo, ou ajudando alguém a fazer um, pense cuidadosamente se mais alguma outra pessoa deve vê-lo. Manter a autonomia do influenciado é crucial. Também é por isso que a pessoa que elabora o plano de ação decide se o plano deve ser oral ou escrito. Às vezes, o influenciador pode preferir um plano escrito, mas o ideal é que deixe suas preferências em segundo lugar, acatando os desejos do influenciado e, dessa maneira, reforçando sua autonomia.

QUANDO *NÃO* FAZER UM PLANO DE AÇÃO

Como vimos no Capítulo 8, há dois tipos de conversa de mudança que devem induzir a um plano de ação: conversa de compromisso, acompanhada de razões fortes e sinceras, e qualquer razão expressada com emoções fortes. Se ainda não ouviu nenhuma dessas, não é hora de fazer um plano de ação. Na verdade, fazer um plano de ação prematuramente pode causar mais danos do que benefícios. A ciência desse ponto é muito clara: criar um plano de ação com alguém que não está pronto para agir faz quaisquer motivações que você tenha acessado evaporarem[1].

O que faço em vez disso? Simplesmente deixe a porta aberta, dizendo algo como: "Ficarei curioso para ver o que talvez decida quanto a isso, se tomar uma decisão". A outra pessoa chegará lá no próprio tempo e, quando o fizer, estará movida por um compromisso forte e sincero, que dará mais impulso do que ameaças, induções e consequências.

O QUANTO UM PLANO DE AÇÃO DEVE SER FORMAL

Meus *trainees* sempre perguntam se precisam de um plano de ação formal, escrito, ou se basta apenas esclarecer um compromisso específico. Porque cada situação é única, isso depende. Aja segundo a pessoa a quem você está tentando influenciar. Sua primeira consideração deve ser manter e reforçar a autonomia dessa pessoa. Se elaborar um plano de ação formal for interferir naquele objetivo, não faça. Se um plano formal fizer com que o influenciado se sinta mais responsável e capacitado, vá em frente.

Claro que algumas pessoas estão acostumadas a planos de ação formais. Os líderes corporativos da GE, por exemplo, rotineiramente rascunham "cartas de compromisso" para memorizar ideias recentes. Treinadores de negócios quase sempre trabalham com os clientes no desenvolvimento de planos escritos, assim como fazem as pessoas em psicoterapia, trabalho de assistência social, correções e no campo médico[2]. Alguns professores até pedem aos alunos que planejem os próprios exercícios[3]. Muita gente achará razoável e rotineiro rascunhar, e até compartilhar, um plano de ação.

Mas e se você trabalhar com gente que não está acostumada a esse tipo de abordagem? Por exemplo: uma vez, ajudei executivos de uma empresa náutica que queriam motivar o supervisor da doca de um dos ancoradouros alugados. Quando pediram ao homem que escrevesse um plano de ação, ele disse, zangado:

– Não vou escrever *nada*. Por que faria isso?

Fazê-lo escrever um plano de ação não tinha sentido. No entanto, se um executivo pedisse sua permissão para fazer anotações e escrever um plano de ação por ele, talvez tivesse funcionado. Rever o plano de ação em conjunto, revisá-lo, assiná-lo e datá-lo como uma "equipe" talvez coloque algum vigor por trás da mudança acordada.

Décadas de pesquisa mostraram que planos escritos, em particular os redigidos pela pessoa que executará a ação, são muito mais eficazes do que contratos orais. Ainda assim, como ressaltamos ao longo deste livro, reforçar a autonomia supera praticamente tudo. Diga à pessoa com quem está trabalhando que quaisquer decisões sobre o plano de ação cabem a ela – e não hesite.

Se optar por um plano de ação oral, assegure-se de que inclua o que tem de ser feito, quando deve ser feito, como será feito e por quê.

HISTÓRIA DE SUCESSO: UM MOTIVO REAL PARA MUDAR

Dana é uma enfermeira que treinei para usar a influência instantânea com pacientes da emergência. Ela andava frustrada há meses devido à aparente inabilidade de começar um plano alimentar saudável, e decidiu tentar minha técnica consigo mesma.

Como muitas pessoas, Dana esperava que seus profundos motivos para a perda de peso tivessem a ver com uma aparência melhor, uma sensação melhor e a possibilidade de usar roupas da moda. No entanto, o que descobriu foi bem diferente. Ela me mandou o seguinte e-mail:

> Por que eu poderia querer perder peso? É estranho. Jamais poderia imaginar. Mas a imagem que ficava surgindo em minha mente era de minha tia Sylvia. Ela era minha tia predileta, sempre pronta para se divertir, sempre disposta. Seu marido morreu quando eu tinha uns oito anos e eu me lembro de uma longa lista de namorados que sempre a levavam para dançar em viagens românticas ao Caribe, Porto Rico e uma porção de outros lugares. Mas ela tinha uns trinta quilos acima do peso e morreu de ataque cardíaco quando eu tinha dezesseis anos.
>
> Sempre pareceu tão feliz e cheia de vida. Odiei que tivesse morrido tão jovem. Queria que ela me aconselhasse quanto aos homens, e ela o fez, por um tempinho, quando eu era adolescente, mas depois se foi.
>
> Bem, tenho uma sobrinha que adoro e agora ela também está com oito anos. Quando cheguei ao Passo 5 (Por que esses resultados são importantes para você?), fiquei pensando: e se não estiver por aqui quando Isabel começar a namorar? E se tiver coisas que ela não possa falar com a mãe, e eu simplesmente não estiver mais lá para ajudá-la?
>
> Sei que parece esquisito. Mas foi isso que me tocou. Só pode ter tocado, pois estou em meu planejamento alimentar há dois meses e, até agora, estou indo bem. E, sempre que tenho vontade de "infringir as regras", simplesmente penso em Isabel fazendo quinze anos, dezesseis, dezessete, e acho que isso ajuda, porque, até agora, tenho me saído bem e mantido o rumo!

Eu respondi ao e-mail e perguntei a Dana se estaria disposta a me mandar uma cópia de seu plano de ação, para que pudesse usá-lo neste livro. Eis o que ela mandou:

> Eu, Dana, prometo a mim mesma manter meu plano de alimentação saudável por três meses, começando amanhã. Prometo que, se escorregar e "cair" saindo do plano, vou começar novamente ***na refeição seguinte***. Manterei meu plano da seguinte forma: (1) planejando minhas refeições e lanches

por uma semana de cada vez; (2) fazendo compras nas noites de domingo e preparando almoços e lanches semanais; (3) afixando meu planejamento alimentar semanal na geladeira. Farei isso porque quero perder peso (13 quilos). Quero perder peso porque quero viver uma vida longa e saudável, e estar por perto quando minha sobrinha for adolescente, para que eu possa aconselhá-la sobre os rapazes!!!

Assinado,

Dana

18 de fevereiro de 2010.

Perguntas mais frequentes sobre planos de ação

- *Como você decide quando negociar um plano de ação?* Quando você ouvir claramente uma conversa de compromisso e pelo menos mais uma razão interna para mudança, ou conversa de motivo acompanhada por emoção forte, de quem for executar a ação (para mais sobre conversa de compromisso, veja o Capítulo 8).
- *E se alguém concordar com um plano de ação, mas escolher um comportamento fácil demais, ou um passo pequeno demais?* Pergunte por que ele poderia concordar em fazer um pouquinho mais.
- *E se alguém concordar com um plano de ação, mas escolher um comportamento difícil demais e um passo grande demais?* Pergunte por que ela poderia concordar em fazer um pouquinho menos.

PASSANDO DO *PORQUÊ* PARA O *COMO*

Uma vez que estejamos prontos para elaborar um plano de ação, nosso foco muda ligeiramente. Estivemos interessados no porquê, mas agora precisamos focar no como.

Dê outra olhada no plano de ação de Dana. Note que ela não apenas afirma seu objetivo (manter seu planejamento alimentar por três meses) como também determina como alcançá-lo (planejando refeições antecipadamente; fazendo as compras e preparando a comida com antecedência; afixando menus na geladeira). Essas especificações ajudam de três maneiras importantes:

1. *Possibilitam que ela tenha menos no que pensar, quando de fato estiver executando o plano*. Todas as suas decisões já foram tomadas: como fará as compras, quando vai cozinhar, com que frequência vai preparar a comida para a semana. Com tudo isso fora do caminho, ela tem mais energia para focar na ação em si.

2. *Deixam claro para Dana que ela leva o plano a sério*. Essa não é uma ideia vaga; é algo que ela analisou. Os elementos específicos de seu plano de ação reforçam o senso de comprometimento de Dana, de que ela quer de fato a mudança e que vai fazê-la acontecer.

3. *Fazem que a mudança seja mais fácil de visualizar e, dessa maneira, mais fácil de obter*. Em geral, quando nos vemos detidos num padrão por muito tempo, achamos difícil imaginar que possamos fazer as coisas de qualquer outra maneira. Um dos aspectos mais difíceis para romper um vício, por exemplo, é quebrar as rotinas e hábitos associados ao comportamento vicioso: "Quando meus amigos e eu estamos juntos, vamos ao bar e tomamos uns drinques", "Depois do jantar, sempre sento no sofá e fumo um cigarro". As pessoas que tentam superar vícios são aconselhadas a mudar a rotina: ir ao cinema, em vez de ir ao bar, talvez com amigos diferentes; sentar numa poltrona, em vez do sofá, após o jantar; ou talvez sair para dar uma caminhada – tentar estabelecer qualquer comportamento novo que envolva a mudança de pequenos detalhes. Se Dana pode visualizar alguns detalhes da nova rotina – se pode imaginar a si mesma fazendo compras e preparando a comida no domingo à noite; se pode imaginar aquele novo plano de alimentação afixado na geladeira –, pode começar a aceitar e, consequentemente, agir em relação à mudança com que se comprometeu.

Às vezes, calcular o *como* pode ser desafiador, e é frequente precisarmos de ajuda, ou em forma de informação técnica ("Eu gostaria de começar a procurar um emprego novo, mas não estou feliz com a apresentação do meu currículo") ou de apoio moral ("Gostaria de não procrastinar, mas, de alguma maneira, sempre pareço acabar no sofá, assistindo à TV, em vez de fazer o que planejei"). Se você está trabalhando sozinho por uma mudança, talvez queira recorrer a amigos, especialistas ou outras fontes de informação, aconselhamento ou apoio moral. Se estiver ajudando alguém a mudar, agora talvez seja a hora de oferecer a ajuda e os conselhos que você resistiu em dar ao longo do processo.

Lembre-se: você sempre quer reforçar a autonomia da outra pessoa. Nesse espírito, se sairia bem ao deixar que ela dê a primeira explicação do *como*:

Funcionário: Vou utilizar o novo procedimento de revisão de desempenho toda vez que eu ligar para alguém, pelo resto da semana, porque quero ser o líder de equipe mais eficaz que puder. A liderança é de fato importante para mim e eu vejo que, se estou infringindo as regras, acabo decepcionando minha equipe.

Você: Ótimo. Estou vendo que você está planejando usar o procedimento pela próxima semana e tem razões fortes para fazê-lo. Posso perguntar alguns detalhes sobre como planeja garantir que isso aconteça? Como você vai se ajudar a realizar o objetivo ao qual está se propondo?

Funcionário: É... eu não sei. Simplesmente o farei. Você não precisa se preocupar.

Você: Não estou preocupado. Mas estou curioso. Você vem utilizando um procedimento diferente há algum tempo, e posso imaginar que talvez seja fácil se esquecer de usar este. Planeja fazer algo para se lembrar do novo procedimento?

Funcionário: Não tinha pensado nisso, mas talvez seja uma boa ideia. Acho que eu poderia manter uma cópia do novo procedimento em minha mesa, enquanto eu conversar com as pessoas. Não preciso ler o script, mas vê-lo me lembrará que preciso usá-lo.

VOCÊ: Parece bom. Sei que, no meu caso, minha mesa às vezes fica bagunçada e perco as coisas. Você acha que talvez um post-it no telefone também seja uma boa ideia?

Como você vê, o foco é sempre ajudar a outra pessoa a fazer o que ela já disse que quer fazer, pelos próprios motivos. Você pode decididamente oferecer sua assistência e conselhos, mas tome cuidado para não assumir o processo. Também tente manter a mente aberta. Às vezes, as pessoas precisam rejeitar nossas soluções para preservar a própria autonomia ("Um post-it no telefone não funciona para mim"); outras vezes, elas podem apresentar soluções nas quais jamais havíamos pensado, e que funcionarão muito melhor ("Mas vou manter um cartão de pontuação em minha mesa e me avaliar após cada reunião, para ter certeza de que estou usando o procedimento da melhor maneira possível").

Sei o quanto é fácil cair no papel de pessoa com todas as respostas. Mas também já vi, repetidamente, que abrir mão da autoridade e investir na autonomia da outra pessoa de modo genuíno pode render dividendos enormes, conforme ela se revela alguém mais independente, autoconfiante e criativo do que jamais você poderia ter sonhado.

ELABORAÇÃO DO PRÓPRIO PLANO DE AÇÃO

Suponha que esteja criando um plano de ação para si mesmo. Como você começaria?

1. *Mire num passo pequeno, específico e executável.* Assegure-se de que esteja seguindo a Regra do Homem Morto. Não almeje um comportamento ("Não vou adiar as coisas") que o homem morto poderia fazer igualmente bem. Evite afirmações vagas sobre atitudes ("Terei uma postura mais positiva") ou resultados ("Vou melhorar meu relacionamento com meus filhos"). Use uma linguagem positiva específica para identificar um passo mensurável, algo que esteja intei-

ramente dentro de seu controle. Escolha o passo seguinte do processo – não "Vou passar mais tempo com minha família", mas "Vou jogar algo com minha família esta semana e depois pedir pizza com eles".

2. *Decida quando aquele passo será concluído*. Um tempo breve geralmente é melhor, mas também considere vincular o comportamento-alvo a algo que já esteja na rotina: pagar contas, tomar um banho, uma reunião mensal de equipe, um intervalo para o café. Os cientistas cognitivos Peter Gollwitzer e V. Brandstaetter descobriram que os alunos ficavam mais suscetíveis a concluir trabalhos quando afirmavam exatamente quando trabalhariam neles e vinculavam a conclusão a rotinas já estabelecidas[4].

3. *Identifique as estratégias* – como *o passo será dado*. Algo com frequência traiçoeiro, porque as pessoas que chegaram a esse ponto, às vezes, não gostam de pensar nos detalhes. A mudança pode provocar ansiedade, e imaginar como você fará algo que não estava antes disposto a fazer pode levá-lo a afastar toda a questão.

AJUDANDO ALGUÉM A ELABORAR UM PLANO DE AÇÃO

Talvez você conheça alguém (um ente amado, um colega ou uma funcionária) que esteja empolgado quanto a criar o próprio plano de ação. Compartilhe o que aprendeu quando criou seu plano de ação (veja a seção anterior) e também siga estas diretrizes:

1. *Escolha um passo administrável*. Incentive a outra pessoa a focar algum passo um pouco menor do aquele que ela possa ter sugerido primeiro. Mas mantenha em mente o que os psicologistas organizacionais Edwin Locke e Gary Latham descobriram em um estudo de referência: quando os funcionários estabelecem os próprios objetivos, eles estipulam metas mais difíceis de alcançar do que as designadas pelos supervisores – com maior probabilidade de alcançá-las[5]. Você não precisa reinar absoluto em sua influência, mas quer

ajudar alguém a experimentar o sucesso. Escolher um objetivo mais fácil, em vez de um difícil, pode ajudar a consegui-lo. É mais importante aumentar as chances de sucesso do influenciado do que vê-lo mudar com rapidez.

2. *Enfoque no modo como a mudança será feita.* Se a outra pessoa disser "Não sei como farei isso; simplesmente farei!", experimente uma ou mais das respostas seguintes:

"Acredito em você, mas pode ser útil identificar como. Você estaria disposta a pensar, por um minuto, sobe as estratégias que talvez possa usar?"

"Quero me assegurar de que você tenha toda a ajuda e recursos de que precisa para realizar isso. Se ouvir suas ideias sobre estratégias, podemos arranjar meios de conseguir os recursos ou o treinamento que você precisa. Você estaria disposta a discutir as possibilidades comigo?"

"Por que você poderia querer pensar mais especificamente sobre algumas dessas estratégias?"

3. *Regresse à pergunta do motivo para que a pessoa queira dar esse passo.* A essa altura, você está trabalhando como "moldador", ajudando a reformular quaisquer razões da maneira mais positiva que puder. Ajude a afastar o influenciado de moldes menos desejáveis e negativos, levando-o para um formato mais desejável e positivo:

Menos desejável: "Quero parar de me atrasar porque ser atrasado me faz sentir ansioso e tenso, e eu acabo me sentindo incompetente e egoísta [*razão para não fazer algo a fim de evitar um resultado negativo*]".

Mais desejável: "Quero chegar pontualmente porque me sentirei mais relaxado e em controle das coisas, e me sentirei uma pessoa mais competente e útil [*razão para fazer algo a fim de atingir um resultado positivo*]".

Muitos de nós estamos acostumados a moldar as coisas sob uma ótica negativa, focando em todas as consequências terríveis de não fazer o que achamos que deve ser feito, mas há muita pesquisa que embasa o poder da formulação positiva. Como aprendemos no Capítulo 3, pessoas que dão motivos positivos para parar de fumar ("Se parar de fumar, minha roupa terá um cheiro melhor, minha família passará mais tempo comigo e isso fará com que me sinta bem") têm probabilidade três vezes maior de ficar longe do cigarro, por seis semanas, do que pessoas que dão motivos negativos ("Se não parar de fumar, posso ter câncer, minha roupa continuará a cheirar mal e minha família vai passar menos tempo comigo, pois sou uma fumaça ambulante").

Se sua conversa de influência instantânea ocorrer num ambiente de trabalho e você sentir que precisa fazer anotações enquanto o influenciado lança seu plano de ação, peça permissão antes de fazê-lo. Isso sutilmente reforçará a autonomia e a posse que o influenciado tem do processo. Se começar a fazer anotações sem primeiro pedir permissão, transmitirá uma mensagem não verbal indicando que vai monitorar a complacência dele e que ele está sob controle.

Teste suas habilidades de influência instantânea: formulação positiva

Você trabalha com uma agente de vendas que está criando um plano de ação: ela concordou em usar o procedimento da companhia para todas as suas ligações, pelas próximas três semanas. Você pediu que ela reiterasse os motivos para querer usar o procedimento, o que ela fez na lista a seguir. Leia cada afirmação e, numa folha avulsa, escreva como você refletiria a afirmação. Se ela fizer um comentário positivo, reflita. Se for negativo, reformule como positivo. Se for misto, mantenha o positivo e reformule a parte negativa. Depois, continue a ler para possíveis soluções.

- Se não usar o novo procedimento, estou bem certa de que minhas vendas cairão.
- Usar o novo procedimento me possibilitará ganhar mais dinheiro para quitar meus cartões de crédito. Estou farta de ficar endividada!
- Continuar do meu velho jeito vai me trazer problemas – alguns dos meus colegas de trabalho já estão zangados comigo, e detesto isso.

- Gosto de fazer parte do grupo, e todos embarcaram nessa. Não quero ser deixada de fora.
- Se todo mundo acha uma boa ideia, devo a mim mesma ao menos uma olhada antes de descartá-la. Não quero ser obtusa.

Possíveis respostas

Se não usar o novo procedimento, estou bem certa de que minhas vendas cairão. "Usar o novo procedimento pode manter suas vendas altas – ou até elevá-las ainda mais."

Usar o novo procedimento me possibilitará ganhar mais dinheiro para quitar meus cartões de crédito. Estou farta de ficar endividada! "Você gosta da idéia de que esse novo procedimento irá ajudá-la a quitar as dívidas, algo importante para você."

Continuar do meu velho jeito vai me trazer problemas – alguns dos meus colegas de trabalho já estão zangados comigo, e detesto isso. "Usar o novo procedimento vai ajudá-la a se entrosar melhor com seus colegas de trabalho e fazer com que se sinta mais à vontade com o grupo."

Gosto de fazer parte do grupo, e todos embarcaram nessa. Não quero ser deixada de fora. "Você gosta de fazer parte do grupo. E usar o novo procedimento significa que pode continuar a se sentir dessa maneira. Usá-lo lhe permitirá superar a sensação de ser deixada de fora."

Se todo mundo acha uma boa ideia, devo a mim mesma ao menos uma olhada antes de descartá-la. Não quero ser obtusa. "É importante para você ser mente aberta, portanto, você quer usar o novo procedimento para assegurar que tenha feito uma tentativa justa."

RESPEITANDO A AUTONOMIA

Uma das dificuldades mais comuns que meus *trainees* encontram com planos de ação é resistir ao ímpeto de assumir a situação. Eles se contêm durante a conversa de influência instantânea, respeitam a autonomia durante a decisão de criar um plano de ação, mas depois chega a hora de realmente criar o plano, e não conseguem mais se conter. Sabem o que precisa ser feito, veem alguém fazendo errado e simplesmente não conseguem evitar – precisam interferir.

Como alguém que já negociou planos de ação com clientes, colegas, funcionários, pacientes em terapia e familiares, eu me solidarizo, acredite. É difícil observar alguém fazendo algo que você *sabe* que não vai dar certo. E, na verdade, você não precisa sentar sobre as mãos, nem morder a língua ou ficar completamente distante do plano de ação. No entanto, será útil se continuar a respeitar a autonomia do influenciado à medida que o plano de ação for sendo criado.

- O que você poderia querer escolher como alvo?
- Até quando quer isso feito?
- Conte-me sobre os métodos e estratégias que deseja usar.
- Por que pode desejar fazer essa mudança, afinal?

Você faz a pergunta, o influenciado se encarrega do processo e, como resultado, se sentirá tão motivado quanto possível para implementar a mudança e assumir a autoria dos resultados.

Ocasionalmente, você pode ver um jeito de ajudar, ou compreender que parte do plano precisa ser modificada. Nesse caso, peça permissão antes de fazer qualquer coisa e ofereça sua sugestão apenas se receber um sim. Caso contrário, apenas diga que estará disponível se o influenciado quiser lhe perguntar algo... algum dia (essas últimas palavras são muito importantes, pois enfatizam seu respeito pela autonomia dele).

Você está pensando: *Não engulo essa. E se a outra pessoa colocar um monte de coisas erradas no plano de ação?* Sim, é uma preocupação e uma possibilidade, mas *não* algo que não possa ser eliminado durante a primeira conversa de influência instantânea. Você conduziu alguém de um não a um plano de ação. É uma realização imensa. Não arrisque arruiná-la tentando gerenciar os esforços de mudança do influenciado. Se o plano de ação enfocar num pequeno passo de cada vez, com um progresso relativamente rápido, você terá oportunidades suficientes para refinar o plano e oferecer ajuda. Lembre-se também de que, quando deixadas à própria conta – e com os próprios motivos –, as pessoas em geral fazem muito mais do que especificam num plano de ação. Podem até descobrir os próprios problemas e dar passos para resolvê-los.

IDENTIFICAÇÃO DAS ESTRATÉGIAS

Se alguém resistir à criação de um plano de ação...

- *Explique que o propósito do plano é tirar você da equação e deixar o processo nas mãos dele.* "Eu sei que essa é sua mudança. Acho que seria útil para você escrever exatamente o que planeja fazer, porque ter o próprio registro do que você decidiu vai ajudá-lo a manter-se no caminho."
- *Reforce a ideia de que é eficaz identificar o comportamento.* "Conversamos sobre muitas coisas diferentes agora há pouco. Acho que seria útil escrever a mudança mais importante, aquela em que você realmente quer focar."
- *Relacione isso à própria experiência, se for apropriado.* "Sei que achei muito útil fazer um plano de ação, porque isso esclarece exatamente o que vou fazer a seguir, quando, como e por quanto tempo farei. Com essas questões fora do caminho e escrito, quase não preciso mais pensar a respeito."
- *Sugira isso como uma experiência.* "Você estaria disposto a fazer uma tentativa para ver se acha útil no reforço de seu compromisso com a mudança?"
- *Lembre-se de que a falta de um plano formal não significa que o influenciado não vai mudar.* Pode ser que ele apenas não esteja pronto para anunciar sua intenção de fazer algo diferente.

Se alguém diz *não* a um plano de ação...

- Mantenha em mente que seu foco está na mudança, não no plano de ação.
- Lembre-se de que a conversa de um forte compromisso – uma afirmação clara de compromisso com um comportamento específico, dentro de um tempo determinado, com ao menos uma razão genuína e pessoal – é quase equivalente a um plano de ação por escrito.
- Pergunte se você pode memorizar a conversa num memorando que você irá compartilhar.
- Expresse sua intenção de lembrar e voltar ao acordo oral. "Acho que percorremos um bom pedaço. Vou fazer uma anotação quanto a você estar trabalhando nisso. Teria problema se voltássemos a nos falar em uma semana?"
- Evite ameaçar com consequências pela escolha de não fazer um plano de ação. Elas só devem ser impostas pelo fracasso em cumprir o comportamento, não por formalizá-lo num plano.
- Continue a usar a abordagem da influência instantânea. Pergunte por que, talvez, a outra pessoa possa querer fazer um plano de ação em algum outro momento.

Se alguém não quiser manter o plano de ação...

- Se você acha que o lapso é temporário, use o processo de influência instantânea para perguntar por que a pessoa pode querer se comprometer a preencher um plano de ação.
- Se acha que o lapso é mais sério, use uma adaptação do Passo 4 (Imagine que você tenha mudado. Quais seriam os resultados positivos?) para perguntar o que o influenciado acha que pode acontecer se não implementar o plano de ação. Assegure-se de informá-lo de quaisquer consequências.
- Dê uma olhada no Capítulo 10 para pesquisar o que fazer se concluir que é provável que a pessoa não vá mudar.

Na maioria das vezes, os planos de ação funcionam. Mas, ocasionalmente, é claro, os melhores planos não acontecem como gostaríamos. Fazemos um esforço – talvez vários –, porém, depois de dias, semanas ou meses, o problema não foi resolvido e, ao que parece, não será resolvido tão cedo. Para aprender mais sobre como lidar com esse resultado infeliz, continue lendo.

Capítulo Dez

SEGUINDO EM FRENTE

VOCÊ FEZ TUDO CERTO, MAS A MUDANÇA NÃO ESTÁ ACONTECENDO. OU A PESSOA sobre quem você achou que tinha influência não está fazendo o que havia acordado, ou ela nunca concordou com nada. Talvez você tenha suportado várias brigas amargas ou dias de silêncio gélido, lágrimas e recriminações. Talvez tenha deparado com um sorriso radiante e um indiferente dar de ombros, ou uma repreensão calma, porém firme, para que você cuidasse de sua vida.

Ou talvez seja você quem está fracassando em mudar. Talvez tenha tentado, mas não tenha conseguido dar sequer o menor passo em direção ao objetivo que projetara alcançar. Ou deu o primeiro passo, mas não o segundo, ou deu o segundo, mas parou pouco antes do terceiro. Você se sente até pior do que antes de começar o processo, porque agora não só evitou uma ação – você acredita que fracassou literalmente.

Então, o que vem a seguir? Eis aqui algumas sugestões:

- Aceite a situação.
- Perdoe-se por não ter controle completo sobre ela, ou por talvez não ter qualquer controle.
- Pense se o processo de influência instantânea não está demorando mais tempo do que você havia imaginado, com aquele padrão de "dois passos à frente, um para trás", que tão frequentemente caracteriza a mudança,
- Pense se o objetivo não é errado, ou se pode haver um objetivo diferente, que seja mais apropriado e inspirador.
- Pense se o objetivo não é ambicioso demais ou se pode haver algum objetivo menor ou mais administrável.
- Mais importante: seja você o influenciador ou o influenciado, faça essas perguntas a si mesmo:

Por que tentei mudar isso [ou tentei ajudar alguém a mudar isso]?

Por que estou aborrecido pela ausência de mudança?

Por que não estou preparado para abrir mão desse objetivo?

Pensar nessas questões pode lhe fornecer um *insight* da situação e ajudá-lo a perceber o que você pode ou não mudar. Assim você poderá tomar uma decisão clara e bem informada quanto a continuar o processo de influência instantânea ou aceitar que a mudança simplesmente não vai acontecer.

Cheque você mesmo

Se você sente que uma conversa de influência instantânea não funcionou, pense em seu papel. Será que você fazia parte do problema? Você...

- Falhou ao reforçar a autonomia da outra pessoa?
- Permitiu que o foco mudasse das "razões pelas quais você quer" para "razões que não quer, não pode ou não deve"?
- Permitiu que o foco mudasse de "por que você quer" para "como isso pode ou não ser feito"?
- Permitiu-se começar a responder às perguntas da outra pessoa em vez de deixar que ela encontrasse as próprias respostas?
- Tentou ajudar ou deu sugestões?
- Derrapou, entrando no modo dizer e vender, ou teve abordagens ameaçadoras ocasionalmente?
- Escolheu um comportamento-alvo ambicioso demais, modesto demais, ou não exatamente um comportamento, mas uma postura ou resultado?
- Esqueceu-se da Regra do Homem Morto e tentou motivar um comportamento passivo em vez de ativo?
- Foi atraído a uma discussão sobre qualquer coisa, sem ser o motivo que a pessoa pudesse ter para querer assumir o comportamento escolhido?
- Viu-se querendo a mudança para a outra pessoa mais que ela mesma queria?

- Perdeu alguma oportunidade de refletir a conversa de mudança e a conversa de compromisso?

Falando como terapeuta, consultor, treinador e pai, eu sei como é difícil manter o foco e permanecer firme no formato da influência instantânea. Se percebeu onde derrapou, afastando-se da abordagem, mantenha-se confiante. Você pode tentar de novo. Talvez possa iniciar uma segunda conversa com um reconhecimento: "Sei que da última vez que conversamos fiquei muito envolvido em meus motivos para que você fizesse [citar o comportamento-alvo], e peço desculpas por isso. Na verdade, quero ouvir suas razões para poder querer fazer isso e apreciaria se me desse outra chance com essa conversa".

Se alguém se recusa a mudar

Pode ser difícil saber como responder quando alguém se recusa a mudar. A seguir estão algumas sugestões para ajudá-lo a lidar com essa delicada situação.

Quando você se afasta:

- Quando lhe for pedido.
- Quando tiver obtido boas afirmações motivacionais, mas nenhum compromisso (dê um tempo).

O que você diz?

- Reconheça qualquer mudança que tiver ocorrido e a motivação que foi descoberta.
- Finalize num bom momento.

O que você diz quando a mudança à qual o influenciado se comprometeu não aconteceu?

- "Por que foi importante para você fazer aquele compromisso?"
- "Diga-me o quanto se preparou para fazer aquela mudança."
- "O que você pode querer fazer da próxima vez, para ter mais êxito? E por que pode querer fazê-lo?"

O que você não deve dizer quando a mudança à qual o influenciado se comprometeu não aconteceu?

- "O que houve de errado?"
- "Por que sequer tentou?"

Como aceitar a ausência de mudança, sem concordar com ela?

- Permita-se ter a própria opinião sobre o que acha que a outra pessoa deve fazer.
- Compartilhe seus sentimentos e opiniões como respostas: "Pessoalmente adoraria se você seguisse esse procedimento, mas a decisão não é minha. Cabe a você. No entanto, as consequências por fazê-lo ou não permanecem inalteradas".

ACEITAÇÃO ATIVA

Às vezes, o processo de influência instantânea não tem um final feliz, pelo menos que você fique sabendo. O funcionário teimoso tem de ir embora – pede demissão ou é demitido. O projeto estimado não decola. Seu ente amado não evolui como você havia esperado. Como lidar com isso?

Primeiro, lembre-se de que você não tem o panorama geral – não sabe o que está se passando na mente da pessoa ou o que pode acontecer no longo prazo. Você pode precisar agir agora, baseado no que *pode* ver – e liquidar o emprego de alguém, terminar um relacionamento ou detalhar as consequências para seu filho –, mas seja confiante! Pode haver dias mais promissores adiante.

Segundo, fique ciente de que reforçar consistentemente a autonomia da outra pessoa, até o fim do processo, poderá ser a centelha de uma inspiração que pode acender depois de meses ou mesmo anos. Por outro lado, soltar todas as suas frustrações, sugerindo que sabe mais, pode ser como um curto-circuito numa mudança lenta.

Gosto de pensar nessa postura mental de abertura final como uma aceitação ativa, em contraste à aceitação passiva ou resignação. Aceitação ativa não significa que você tenha de gostar do que está aceitando, ou que tenha de concordar, ou mesmo que precise pensar que é o melhor. Significa apenas que você compreende que chegou ao limite, ao menos por enquanto, em relação ao que pode ou está disposto a fazer por uma situação.

Preciso usar essa abordagem em meu trabalho como treinador executivo e terapeuta, marido e pai. Quando sinto que a influência instantânea falhou com um executivo teimoso que ainda reluta na dificuldade de delegar tarefas delicadas, posso dizer a ele: "Olhe, a essa altura, não importa o que penso. É uma decisão *sua*". Mas raramente estou dizendo: "Você está fazendo a coisa certa". Talvez, se pudesse tomar decisões pelo executivo, ficasse tentado a fazê-lo; talvez eu o forçasse a delegar nas horas certas, para que pudesse ver o quanto sua equipe funcionaria melhor.

Porém, seja qual for a decisão dele, eu tenho de aceitar. Não tenho de gostar. Não tenho de achar que é o melhor, de alguma forma que não consigo imaginar – embora, às vezes, não sempre, possa me consolar dizendo isso a mim mesmo. E, enquanto isso, preciso pensar em meus limites e nas consequências que podem ser melhor para ele. Preciso decidir se é apropriado continuar o treinamento, se estou disposto a investir mais tempo no processo, se é do interesse dele que eu continue. Tomar essa decisão exige que aceite os limites do meu controle.

A aceitação ativa contrasta com a *resignação*. Para mim, a resignação pressupõe: "Essa era minha tarefa e eu falhei. Sei exatamente quais são os resultados terríveis que aguardam meu influenciado e estou infeliz por conta disso". A aceitação ativa sugere: "Isso nunca foi minha responsabilidade. Portanto, não falhei. E, mesmo que pense saber qual é o destino de meu influenciado, realmente não sei, porque o futuro é desconhecido e as pessoas podem nos surpreender".

Aceito ativamente o direito de meu influenciado tomar as próprias decisões e admito minha ignorância sobre o que o futuro pode trazer.

Se aceitarmos ativamente a decisão de outra pessoa não mudar, quais podem ser os resultados?

- *Pode ficar provado que estávamos errados em nossas previsões.* Uma colega recentemente me contou uma história comovente sobre como estivera absolutamente certa de que seus pais idosos precisavam se mudar para uma instituição de convívio assistido, antes que um deles morresse. "Não vejo um meio para que o sobrevivente se adapte a uma mudança depois disso", ela costumava dizer aos amigos. "Se não fizermos com que a mudança aconteça logo, estará tudo acabado."

Na verdade, o pai de minha colega morreu antes que o casal se mudasse e sua mãe teve de se mudar sozinha. No fim das contas, a mudança era exatamente a atividade que a mãe precisava, enquanto lidava com a morte do marido adorado, e fazer novos amigos que não a conheciam como uma integrante do "casal", na verdade, facilitou-lhe o ajuste à nova identidade. "Não poderia estar mais errada", minha colega me disse. "De fato, não queria admitir isso a ninguém, mas graças a Deus que meus pais não me ouviram!"

- *Deixada por conta própria, a outra pessoa pode enfim decidir fazer a mudança.* As pessoas em geral gostam da atenção proveniente dos que estão preocupados com elas. Sem conscientemente perceber, elas se recusam a mudar, contanto que as pessoas se interessem em ajudá-las. No entanto, quando os "ajudantes" aceitam que a mudança não vai acontecer, a atenção acaba e, às vezes, a mudança começa.

Da mesma maneira, as pessoas podem se recusar a mudar como parte de uma luta de poder, independente de quanto você possa apoiar sua autonomia. Elas definem a mudança, até uma mudança que não escolheram, como se, de algum modo, estivessem "cedendo" a um pai, um chefe ou uma figura de autoridade. E, como para elas é mais importante preservar a autonomia do que fazer a mudança, fincam o pé e se agarram às suas velhas maneiras, enquanto se sentirem presas à luta.

Quando o pai, chefe ou figura de autoridade verdadeiramente recua, aceitando de modo ativo a recusa da pessoa em mudar, a luta pelo poder acaba, abrindo espaço para que a mudança comece. Amigos meus lutaram com o filho mais velho durante anos por conta do dever de casa. Brigaram amargamente por conta de seus hábitos ao longo de todo o ensino médio, até que, enfim, desesperados, deixaram-no ir para a faculdade. Estavam certos de que, sem monitoramento constante, ele seria reprovado antes do fim do primeiro semestre.

Para surpresa de todos, depois de algumas semanas de tropeços, o jovem encontrou seu rumo e desenvolveu um interesse em biologia que jamais havia demonstrado antes; hoje é um bem-sucedido estudante de medicina. Tudo de que precisava era autonomia.

- *As coisas vão continuar como vinham sendo, ou talvez piorem para a outra pessoa, exatamente como previsto.* Talvez a espiral para o fundo continue, exatamente como sabíamos que aconteceria. Talvez a outra pessoa até piore, como temíamos. Talvez estivéssemos certos e a ausência da mudança traga as consequências terríveis que esperávamos. E então?

Já que não sabemos o que vai acontecer, o modo de aceitar o fracasso aparente da outra pessoa faz diferença. Se estamos certos de que o fracasso para mudar significa uma ruína inevitável, desespero e derrota, provavelmente comunicaremos esse fato, o que pode dificultar ainda mais em sua mudança. O peso da certeza de que alguém jamais vai mudar, combinado aos próprios medos e mágoas, pode passar a ser uma carga insuperável.

MOTIVANDO A SI MESMO A ACEITAR E SE ADAPTAR

A aceitação ativa também nos traz benefícios. Podemos dizer a nós mesmos que o significado maior e resultado final desses acontecimentos está além de nós. Devemos nos dizer que fizemos tudo que pudemos para melhorar a situação. Podemos impor as consequências que anunciamos previamente, seguros de sabermos que a outra pessoa está ciente delas, talvez até satisfeita que estejam sendo indicadas sem agressão nem hostilidade. Por fim, podemos trabalhar na aceitação ativa de nossos próprios limites: o que podemos saber, o que podemos fazer, o que podemos controlar.

Seu empenho final é motivar a si mesmo para aceitar a situação e encontrar uma maneira de se adaptar a ela. Naturalmente, suas tentativas de adaptação dependerão do comportamento da pessoa que não está mudando.

- *Se você recebeu um não absoluto*: Às vezes, um *não* absoluto pode ser a maior dádiva de todas, porque isso o liberta de ter de imaginar o que a situação realmente é. Esse *não* pode assumir duas formas: uma recusa verbal de fazer a mudança que você está pedindo, ou uma ação notória – trair no casamento, desfalcar uma empresa – que constitua um não de fato.
- *Se a pessoa está pedindo outra chance*: Em alguns casos, a pessoa que não está mudando não está disposta ou não é capaz de aceitar sua própria falta de mudança. Ela quer outra reunião, outra conversa sincera, outro plano de ação, qualquer coisa que não seja o que a situação de fato pede: aceitação de sua recusa em mudar. Se seu melhor julgamento lhe diz que ela não está inclinada à mudança, ou se não estiver disposto a lhe dar outra chance, *você* pode ter de reconhecer a situação como é e se recusar a continuar participando dela. Ao fazê-lo, pode reforçar a autonomia da outra pessoa, enquanto afirma sua decisão, sem ambiguidade.

> Aceito que esteja tomando as próprias decisões. Porém, segundo meu ponto de vista, não vai dar em nada. Acho melhor não falarmos mais nisso. Não vou seguir adiante e queria que soubesse disso.

Essa nunca é uma conversa fácil de ter. Mas, se tiver dificuldades para concluir essa interação, pode ser parte do problema: talvez você tenha desejado mais a mudança da pessoa do que ela mesma. Nós, terapeutas, estamos sempre lembrando uns aos outros de jamais investirmos mais na mudança de um cliente do que ele próprio. Essa não é uma prescrição fácil de seguir, em particular no caso de pessoas dedicadas. Mas é crucial se quiser conceder a seus colegas e entes queridos a autonomia de que precisam para estar no controle do próprio processo de mudança.

Dificuldades com a aceitação

Se estiver tendo dificuldades em aceitar a inabilidade ou relutância da outra pessoa em mudar:

- Lembre-se de que essa é a batalha dele, não sua.
- Encontre um amigo, colega ou treinador executivo com quem possa desabafar com segurança. Expresse seus ímpetos de forçar, punir, persuadir ou controlar a outra pessoa que não está mudando. Dessa maneira, pode evitar recorrer a esses impulsos quando estiver lidando com ela.
- Pergunte a si mesmo o que aprendeu com essa situação. Se você tivesse feito algo de forma diferente, o que teria sido? Transfira o foco da necessidade de a outra pessoa em mudar na própria necessidade de aceitar.

CELEBRAÇÃO DO PROCESSO

Em décadas que venho fazendo esse trabalho, aprendi que o processo de mudança é misterioso. Nós, cientistas, o estudamos, analisamos e tentamos trabalhar com ele da melhor maneira que podemos. Mas ele se desenrola da própria forma, no próprio tempo. A influência instantânea é com certeza o sistema mais eficaz que já encontrei para inspirar as pessoas a mudar.

Mas, no fim, o processo funciona precisamente porque nós não estamos no controle. Cada pessoa é responsável pela própria mudança e cada pessoa muda do próprio modo. Às vezes, nosso fracasso em mudar é um fracasso genuíno. Porém, às vezes, é um ponto decisivo poderoso que nos levará a um eventual sucesso.

Se você participou do processo de influência instantânea, parabéns. Você dedicou suas melhores intenções para trabalhar a serviço de outros. Encontrou um jeito de ajudar o influenciado – ou talvez até você mesmo – a fazer uma mudança positiva. E isso é sempre algo a ser celebrado.

Epílogo

COMO ENFIM CONSEGUI LIMPAR MINHA GARAGEM

ESTAVA TRABALHANDO COM UM GRUPO DE *TRAINEES* CÉTICOS – CONSELHEIROS DE reabilitação que estavam acostumados a lidar com transgressores reincidentes. Eles não acreditavam que nada pudesse motivar seus clientes a mudar. Tentei incentivá-los a encontrar as próprias razões para usar a influência instantânea, mas eles não queriam nem saber. Enfim, um deles me disse:

– Ei, Mike, que tal se tentássemos esse método com você?

Como poderia recusar? O problema era que os ensinara bem demais. A tarefa que escolhi para eles – limpar minha garagem – era algo que vinha evitando durante os últimos dois anos, talvez três, e me sentia imensamente desconfortável só em pensar. Não sei por que escolhi isso – dedicação desviada pelo processo de ensino, sem dúvida –, mas, de repente, estava sendo pressionado por alunos ávidos que podiam ver o quanto eu estava inquieto.

– Certo, pessoal – tentei dizer, quando chegaram ao Passo 3: Por que não escolheu um número menor? – Acho que entenderam a ideia.

Não, insistiam. Eles queriam passar por cada um dos seis passos, até o fim. Ficavam me pedindo para completar o Passo 5. Por que esses resultados são importantes para você? Por que desejaria limpar minha garagem?

Essa provavelmente é uma indicação do quanto a questão se aprofundou, pois não me lembro das razões que dei, mas eis aqui o que recordo: quando cheguei em casa, naquela tarde, de alguma maneira – não tenho certeza como –, comecei a limpar minha garagem. A irmã de minha esposa estava lá para um churrasco; ela, minha esposa e eu começamos a limpar juntos. As crianças, que tinham saído para brincar com os amigos, voltaram para casa e passaram a nos ajudar. Uma tarefa que me aterrorizara transformou-se numa comemoração em família.

Agora, eis aqui algo ainda mais estranho: não parei ali. Depois de limpar a garagem, passamos a construir uma varanda, depois outra. A irmã de minha esposa vinha ajudar e alguns vizinhos também. Durante todo o verão, fizemos churrascos e construímos as varandas, várias noites na semana. Era como uma festa particular da vizinhança, só que, no fim do verão, estava com uma garagem limpa e duas lindas varandas.

A profundidade de nossa influência pode ser, de fato, misteriosa. Seja usando a influência instantânea em casa, no trabalho ou no mundo; seja usando-a com seus colegas, funcionários, entes amados ou com você mesmo, há uma coisa que eu garanto: se você confiar nesse processo e permitir que ele siga seu curso, ficará impressionado em ver aonde o levará. Eu o convido a utilizar o máximo desse processo – e deste livro – conforme prosseguir em sua jornada.

Notas

Introdução – A influência instantânea em ação

1. Miller, W. R. & Rollnick, S. (2002). *Motivacional interviewing*: preparing people to change addictive behavior. Nova York, NY: Guilford.
2. D'Onofrio, G. D., Pantalon, M. V. & Degutis, L. C. et al. (2005). Desenvolvimento e implementação de um departamento emergencial para intervenções junto a bebedores perigosos na sala de emergência. *Academic Emergency Medicine,* 12, 211-218.
3. D'Onofrio, G. D., Pantalon, M. V. & Degutis, L. C. et al. (2005). Desenvolvimento e implementação de um departamento emergencial para intervenções junto a bebedores perigosos na sala de emergência. *Academic Emergency Medicine,* 12, 211-218. Vasilaki E., Hosier S. & Cox W. (2006). A eficácia da entrevista motivacional como breve intervenção para consumo excessivo do álcool: uma revisão meta-analítica. *Alcohool and Alcoholism*, 41; 328-335; Martino, S., Haeseler, F., Belitsky, R., Pantalon, M. V. & Fortin A. H. (2007). Lecionando entrevista motivacional aos alunos de medicina. *Medical Education*, 41, 160-167; D'Onofrio, G. D., Pantalon, M. V., Degutis, L. C., Fiellin, D. A., Busch, S. H., Chawarski, M. C. & O'Connor, P. G. (sob revisão). A breve entrevista de negociação reduz a ingestão danosa do álcool nos pacientes dos departamentos de emergência; D'Onofrio, G. D., Pantalon, M. V., Degutis, L. C., Fiellin, D. A., Busch S. H., Chawarski, M. C. & O'Connor, P. G. (2008). Breve intervenção para bebedores danosos no departamento de emergência. *Academic emergency Medicine*, 51, 742-750.
4. Lundahl, B. & Burke, B. L. (2009). A eficácia e aplicabilidade da entrevista motivacional: uma revisão prática e amistosa de quatro meta-análises. *Journal of Clinical Psychology*, 65, 1232-1245.

Capítulo 1 – O que motiva as pessoas a mudar?

1. Brehm, S. S. & Brehm, J. W. (1981). *Psychological reactance*: a theory of freedom and control. Nova York, NY: Academic Press; Seligman,

M., Steen, T., Park, N. & Peterson, C. (2005). Progresso psicológico positivo: validação empírica das intervenções. *American Psychologist*, 60, 410-421; Festinger, L. (1964). *Conflict, decision, and dissonance*. Stanford, CA: Stanford University Press. Bem, D. J. & McConnell, H. K. (1971). Testando a explicação de autopercepção do fenômeno de dissonância: salientando as atitudes pré-manipuladas. *Journal of Personality and Social Psychology*, 14, 23-31.

2. Brehm, J. W. (1966). *A theory of psychological reactance*. Nova York: Academic.
3. Scott, M. & Hale T. (2001). Reatância psicológica: evidência e teoria. Em J. P. Dillar & S. Hayes (Eds.), *Motivation and achievement:* a reader. Nova York: Guilford Press.
4. Para uma revisão de mais estudos semelhantes vide Burgoon, M., Alvaro, E., Grandpre, J. & Voulodakis, M. (2002). Revisitando a teoria psicológica da reatância: comunicando ameaças à liberdade de atitude. Em J. P. Dillard & M. W. Pfau (Eds.), *The persuasion handbook*: developments in theory and practice (PP. 213-232). Thousand Oaks, CA: Sage.
5. Worchel, S. & Brehm, J. (1971). Restauração social da liberdade, direta e implícita. *Journal of Personality and Social Psychology*, 18, 294-304.
6. Dillard, J. & Shen, L. (2005). Sobre a natureza da reatância e seu papel na comunicação persuasiva na saúde. *Communication Monographs*, 72, 144-168.
7. Seligman, M., Steen, T., Park, N. & Peterson, C. (2005). Progresso psicológico positivo: validação empírica das intervenções. *American Psychologist*, 60, 410-421.
8. Festinger, L. (1957). *A theory of cognitive dissonance*. Stanford, CA: Stanford University Press.
9. Bem, D. (1967). Autopercepção: uma interpretação alternativa do fenômeno da dissonância cognitiva. *Psychological Review*, 74, 183-200.

10. PANTALON, M. (1999). Entrevista motivacional com pacientes duplamente diagnosticados. Em W. R. Miller, *Enhancing motivation for change in substance use or disorder treatment*: a treatment improvement protocol (DHHS Publication No. SMA 99-3354) (p. 161). Washington, D.C.: Substance Abuse and Mental Health Services Administration (CSAT).

Capítulo 2 – Reforço de autonomia

1. PANTALON, M. & SWANSON, A. (2003). Uso da avaliação de mudança da Universidade de Rhode Island, para medir a prontidão motivacional para mudança em indivíduos psiquiátricos e diagnosticados duplamente. *Psychology of Addictive Behaviors*, 17, 91-97.
2. PINK, D. (2009). *The surprising truth about what motivates us*. Nova York. Riverhead Books.
3. PANTALON, M., CARROLL, K., Nich, C. & Frankforter, T. (2002). Usando a URICA como medida de motivação para mundança dentre os indivíduos que buscam tratamento para problemas com álcool e cocaína. *Psychology of Addictive Behaviors*, 16, 299-307; CAREY, K., MAISTO, S., CAREY, M. PURNINE, D. (2001). Medindo a prontidão para mudança de uso de substância dentre pacientes psiquiátricos: I. Fidedignidade e validade de medidas de autorrelatos. *Journal of Studies on Alcohol*, 16, 79-88.
4. DECI, E. L. (com R. Flaste) (1995). *Why we do what we do*: understanding self-motivation. Nova York: Penguin.
5. DECI. E. L. (1972). Motivação interna, reforço externo. *Journal of Personality and Social Psychology*, 22, 113-120.
6. CALLAHAN, D. (2004). *The cheating culture*: why more Americans are doing wrong to go ahead. Orlando, FL.: Harcourt Books.
7. ROTHMAN, A. & SALOVEY, P. (1997). Moldando percepções para motivar comportamento saudável: o papel da formulação da mensagem. *Psychological Bulletin*, 121, 3-19.

Capítulo 3 – Os seis passos para a influência instantânea

1. Vaca, F. E., Winn, D., Anderson, C. L., Kim, D., Arcila, M. (sendo impresso). Exequibilidade da triagem alcoólica computadorizada bilíngue do departamento de emergência, breve intervenção e referências ao tratamento. *Substance Abuse.*
2. Pantalon, M. & Swanson, A. (2003). Uso da avaliação de mudança da Universidade de Rhode Island, para medir a prontidão motivacional para mudança em indivíduos psiquiátricos e diagnosticados duplamente. *Psychology of Addictive Behaviors*, 17, 91-97.
3. Pantalon, M. & Swanson, A. (2003). Uso da avaliação de mudança da Universidade de Rhode Island, para medir a prontidão motivacional para mudança em indivíduos psiquiátricos e diagnosticados duplamente. *Psychology of Addictive Behaviors*, 17, 91-97.
4. Pantalon, M., Carroll, K., Nich, C. & Frankforter, T. (2002). Usando a URICA como medida de motivação para mundança dentre os indivíduos que buscam tratamento para problemas com álcool e cocaína. *Psychology of Addictive Behaviors*, 16, 299-307.
5. Carey, K., Maisto, S., Carey, M., Purnine, D. (2001). Medindo a prontidão para mudança de uso de substância dentre pacientes psiquiátricos: I. Fidedignidade e validade de medidas de autorrelatos. *Journal of Studies on Alcohol*, 16, 79-88.
6. Vasquez, N. & Buehler, R. (2007). Vendo o sucesso futuro: será que a perspectiva imaginária influencia a realização e motivação? *Personality and Social Psychology Bulletin*, 33, 1392-1405.
7. Toll, B., O'Malley, S., Katulak, N., Wu, R., Dubin, J., Latimer, A., Meandzija, B., George, T., Jatlow, P., Cooney, J. & Salovey, P. (2007). Comparando mensagens modeladas de ganho e perda, para a interrupção do fumo com liberação sustentada por "bupropion": uma experimentação de controle aleatório. *Psychology of Addictive Behavior*, 21, 534-544.

Capítulo 4 – Influenciando a si mesmo

1. Proulx, T. & Heine, S. (2009). Ligações com Kafka: exposição a ameaças significativas melhora o aprendizado implícito de uma gramática artificial. *Psychological Science*, 20, 1125-1131.

Capítulo 6 – Influenciando gente que não quer mudar

1. Miller W. Comunicação pessoal, 11 de abril de 2003.

Capítulo 8 – Identificação da mudança

1. Amrhein, P., Miller, W., Yahne, C., Palmer, M. & Fulcher, L. (2003). Linguagem de comprometimento com o cliente durante entrevistas motivacionais prevê os resultados do uso de drogas. *Journal of Consulting and Clinical Psychology*, 71, 862-878.

Capítulo 9 – Elaboração de um plano de ação

1. Miller, W. R., Yahne, C. E. & Tonigan, J. S. (2003). Entrevista motivacional em serviços de abuso de drogas: uma experiência aleatória. *Journal of Consulting and Clinical Psychology*, 71, 754-763; Amrhein, P. C., Miller, W. R., Yahne, C. E., Palmer, M. & Fulcher, L. (2003). Linguagem de comprometimento com o cliente, durante entrevistas motivacionais prevê os resultados do uso de drogas. *Journal of Consulting and Clinical Psychology*, 71, 862-878.
2. Martino, S., Haeseler, F., Belitsky, R., Pantalon, M. V. & Fortin, A. H. (2007). Lecionando entrevista motivacional breve a alunos de medicina. *Medical Education*, 41, 160-167.
3. Linn, M., Lee, H., Tinker, R., Husic, F. & Chiu, J. (2006). Lecionando e assessando integração de conhecimento na ciência. *Science*, 313, 1049-1050.

4. Gollwitzer P. M. & Brandstaetter V. (1997). Implementação de intenções e busca de objetivo eficaz. *Journal of Personality and Social Psychology,* 73, 186-199.

5. Locke, E. A. & Latham, G. P. (2002). Construindo uma teoria útil funcional de estabelecimento de metas e motivação de tarefas: uma odisséia de 35 anos. *American Psychologist,* 57, 705-717.

Agradecimentos

Em primeiro lugar, quero agradecer o amor, apoio e orientação profissional absolutamente estelar de minha esposa, Marianne Sharsky Pantalon, Ph.D, ao longo dos últimos 22 anos. Jamais poderia imaginar uma parceira melhor na vida e no trabalho. Obrigado, Marianne – isso nunca teria acontecido sem você. Eu a amarei para sempre. Também agradeço meu filho mais velho, Matt, que aos quatro anos de idade me disse que, em vez de ficar voando pra todo lado para falar com as pessoas, deveria "simplesmente mandar um livro". Ao ouvir que eu não tinha um, ele ficou perplexo e rapidamente acrescentou: "Então escreva um... agora!" Mal sabíamos nós quanto tempo levaria e como o processo me deixaria muito mais ocupado. O livro também não teria sido possível sem o incentivo eternamente otimista de meu filho caçula, Nic, cuja fé em mim é igualmente inflexível. Uma vez, ele me disse, afagando minhas costas: "Vou fazer todo mundo comprar seu livro, pai".

Também gostaria de agradecer meu agente, Jeff Kleinman, por acreditar em mim, desde o começo, assim como pela ajuda brilhante e incrível, durante cada passo do processo. Imenso agradecimento a toda a equipe da Folio Literary Management, principalmente Celeste Fine e Molly Jaffa.

À colaboradora Rachel Kranz, obrigado pelo trabalho impressionante ao longo do projeto e pelo extraordinário apoio, tanto no processo de escrita quanto no que se relacionava a mim, pessoalmente, como autor. Sua habilidade de viver e respirar o método, assim como a determinação de executá-lo tão bem, tornou-a uma das melhores pessoas para ajudá-lo a ganhar vida ao longo destas páginas.

Agradeço igualmente à minha editora na Little, Brown, Tracy Behar, por acreditar no projeto e pelas excelentes habilidades editoriais, que deixaram o livro mil vezes melhor do que podia ter imaginado, e a Michael Piestsch, vice-presidente executivo da Little, Brown, a quem sempre serei grato. Agradeço muito a toda equipe da Little, Brown, principalmente Heather Fain, diretora de marketing; Elizabeth Garriga e Laura Keefe, agentes de publicidade; Christina Rodriguez, assistente editorial; Marie Salter, copidesque; e Ploy Siripant, designer da capa.

Embora muita gente que me ajudou a escrever e desenvolver a abordagem da influência instantânea não possa ser mencionada aqui, gostaria de agradecer algumas pessoas extremamente especiais, que ajudaram a fazer deste livro o que ele é. Obrigado ao meu melhor amigo e consultor por excelência, Anthony Del Vecchio; a meus colegas da Yale, em especial Gail D'Onofrio, MD, Bruce J. Rounsaville, MD, Richard S. Schottenfeld, MD, e Lisa Sanders, MD. Sem a imensa ajuda, *expertise* clínica e de pesquisa deles, e o papel de mentora de Gail D'Onofrio, assim como sua fé inabalável na abordagem, a pesquisa sobre influência instantânea jamais teria existido; tenho a honra de ser seu colega.

Este livro tem um débito imenso com William R. Miller, Ph.D, e Stephen Rollnick, Ph.D, por terem criado a entrevista motivacional, assim como pelas palavras generosas e sábias de aconselhamento ao longo de todo o caminho. Sua dedicação e décadas de trabalho árduo permitiram uma grande mudança em nossas ideias sobre o que significa motivar alguém, trazendo uma esperança tão necessária aos casos considerados impossíveis. Agradeço por terem me deixado avançar mais um passo com o trabalho deles.

Também agradeço a Arthur J. Swanson, Ph.D, com quem avaliei a primeira abordagem de influência instantânea nos hospitais St. Barnabas e Union, no Brox; Ruth Ann Harnisch, meu consultor de negócios, sem quem eu jamais teria a "ousadia" necessária para nada disso; e aos milhares de *trainees* que têm ouvido e adorado a minha abordagem, compartilhando histórias de sucesso e provendo um retorno extremamente importante sobre o que deu certo e o que não deu, em particular os do Departamento de Psiquiatria da Escola de Medicina de Yale e do Centro de Emergência e Medicina Interna, além do Programa de Residência, e os da General Electric, Bristol-Myers Squibb, Divisão de Apoio Judicial do Estado de Connecticut, Hazelden, e os da Community Solutions Incorporated, de Connecticut.

Meus sinceros agradecimentos a todas as pessoas que leram e me deram um retorno útil nas primeiras versões do manuscrito, principalmente Maurice Cayer, Manuel Paris, Ph.D, Melissa D. Fulgieri, PhD, Nancy Meyer Lustman, Ph.D, James Campbell, Richard Barnes, Jenny Blake, Thomas Styron, PhD, Roberto Bibbiani, Thomas Bavaro, Keith Furniss, Paula Calzetta, Brenda Westbury, Diane Barber, Natalie Travers e Kerry Patterson. Minha imensa gratidão pela habilidade organizacional de minhas atuais assistentes pessoais e de pesquisa, principalmente Tami Jahn e Meghan Lavery. Obrigada a todos os meus alunos atuais e passados, na Yale, em particular Alia Crum, Madeleina Rafferty e Michael Rodriguez, e pelo apoio moral de familiares e amigos, em especial meus pais, Mike e Nancy Pantalon; e irmãos, Eddie e Jimi Pantalon; Ivan, Dana, Andrew, Tom e John Drazic; John, Susan, Pamela e Allison Bugden; Ivka Osman, Casey e Leslie King, Carol Friedland, Rebecca Skloot, Rosemary Jones, Thomas Crum, Robyn O'Brien e Stephen Hinshaw, Ph.D. Agradeço a todos os meus clientes de consultoria e terapia que me ensinaram muito mais do que eu a eles. E, enfim, obrigado aos professores que mais me influenciaram: Robert W. Motta, Ph.D, Steve Fishman, Ph.D, Barry Lubetkin, PhD, e Richard BenTall, Ph.D.

Sou eternamente grato a vocês todos.

Sobre o autor

Michael V. Pantalon, Ph.D, é um premiado membro do corpo docente da Universidade de Medicina de Yale e atua como treinador motivacional, consultor, palestrante e terapeuta. Em Yale, o dr. Pantalon dá cursos de formação e pós-graduação em Psicologia da Personalidade e História da Psicologia, além de dar aulas de Psicologia Clínica e Entrevista Motivacional na faculdade de medicina. Ele e seus colegas conduzem uma pesquisa sobre a eficácia da adaptação das entrevistas motivacionais (base da *influência instantânea*) e tratamentos de abuso de substâncias em inúmeras instituições criminais e de saúde, trabalho que já recebeu mais de 22 milhões de dólares em contribuições federais ao longo da última década.

Como psicólogo, o dr. Pantalon vem dedicando sua carreira à pesquisa da influência instantânea e lecionando para milhares de *trainees*. Já ensinou gente de todas as áreas: executivos de negócios, gerentes de recursos humanos, treinadores executivos e de *lifestyle*, pais, professores, representantes de vendas, oficiais de liberdade condicional, psicólogos e outros profissionais da área de saúde, assim como indivíduos que lutam com uma gama de comportamentos adictos e compulsivos. Já proveu consultoria a empresas e organizações como General Electric, Bristol-Myers, Squib, Schering-Plough, Crossroads at Antigua, Hazelden, National Institute of Health e US Department of Health and Human Services, dentre outros.

O dr. Pantalon já publicou inúmeros artigos sobre sua pesquisa em publicações como o *New England Journal of Medicine* e o *Journal of the American Medical Association*, e apresentou seu trabalho em conferências nacionais e internacionais.

Formou-se em Psicologia pela Binghamton University; obteve seu mestrado e doutorado em Psicologia Clínica pela Hofstra University e mestrado em Ciências em Psicofarmacologia Clínica pela Massachusetts School of Professional Psychology.

Vive em Hamden, Connecticut, com a esposa, Marianne, e seus filhos Matthew e Nicholas.

Para saber mais sobre o dr. Pantalon e seu trabalho, visite www.michaelpantalon.com.

GRATIDÃO

Como gerar um sentimento incrível de satisfação
em todos os seus clientes

Este livro trata de um sentimento que nunca foi amplamente explorado no ambiente profissional e é capaz de elevar a um novo patamar de satisfação todos os clientes internos e externos de uma empresa.

Foi-se o tempo em que grandes investimentos em marketing eram suficientes para excluir a concorrência e capturar a atenção do cliente. Atualmente, a demanda de compradores por autenticidade, originalidade, criatividade e honestidade obrigou empresas e marcas a utilizar um tipo de atendimento semelhante ao da época de nossos bisavôs, quando os donos dos negócios conheciam seus clientes pessoalmente e lhes davam atenção individual. Gary Vaynerchuk revela como as pequenas e grandes empresas podem estender esse tipo de atenção pessoal a toda sua clientela, utilizando as mesmas plataformas de rede social que veiculam o boca a boca dos consumidores.

Este livro foi composto em Minion Pro
para Texto Editores Ltda.
em janeiro/2012.